本书研究成果受到国家自然科学基金面上项目“公司如实披露了内部控制重大缺陷吗?——基于《企业内部控制基本规范》实施的研究”(批准号:71472102)的资助。

企业内部控制研究

重大缺陷披露及经济后果

陈武朝◎著

中国财经出版传媒集团
中国财政经济出版社
北京

图书在版编目（CIP）数据

企业内部控制研究：重大缺陷披露及经济后果 / 陈武朝著. --北京：中国财政经济出版社，2024. 3

ISBN 978-7-5223-2829-4

Ⅰ. ①企… Ⅱ. ①陈… Ⅲ. ①企业内部管理-研究 Ⅳ. ①F272. 3

中国国家版本馆 CIP 数据核字（2024）第 042211 号

责任编辑：高文欣 康婧琳　　责任校对：张 凡
封面设计：智点创意　　责任印制：史大鹏

企业内部控制研究——重大缺陷披露及经济后果
QIYE NEIBU KONGZHI YANJIU
ZHONGDA QUEXIAN PILU JI JINGJI HOUGUO

中国财政经济出版社 出版

URL：http：//www. cfeph. cn
E-mail：cfeph@ cfeph. cn

社址：北京市海淀区阜成路甲 28 号　邮政编码：100142
营销中心电话：010-88191522
天猫网店：中国财政经济出版社旗舰店
网址：https：//zgczjjcbs. tmall. com
中煤（北京）印务有限公司印刷　各地新华书店经销
成品尺寸：170mm×240mm　16 开　13 印张　162 000 字
2024 年 3 月第 1 版　2024 年 3 月北京第 1 次印刷
定价：58. 00 元
ISBN 978-7-5223-2829-4
（图书出现印装问题，本社负责调换，电话：010-88190548）
本社质量投诉电话：010-88190744
打击盗版举报热线：010-88191661　QQ：2242791300

前言

Preface

本书以《企业内部控制基本规范》及其配套指引实施后2011—2019年度强制披露内部控制审计报告和评价报告的A股上市公司为对象，研究了内部控制重大缺陷的披露情况，并进一步从盈余管理、会计稳健性、投资效率、融资约束及分析师预测等五个方面研究了内部控制重大缺陷披露的经济后果。

在系统梳理内部控制相关研究文献的基础上，本书首先分析了两种内部控制质量度量方法，即是否存在重大缺陷法也称“一票否决法”，以及得分法，并对两种方法的含义和优缺点进行了分析，明确本书采用的研究方法为是否存在重大缺陷法。

接下来，本书分析了内部控制重大缺陷的认定标准，最终确定以存在“被出具否定意见或无法表示意见内部控制审计报告”“内部控制评价报告中披露存在财务报告内部控制重大缺陷”“发生财务重述”“因财务会计违规问题被监管机构处罚”等四种情形之一作为认定是否存在内部控制重大缺陷的标准，并对2011—2019年强制执行内部控制评价和审计的A股上市公司内部控制重大缺陷披露情况进行了分析。

本书进一步采用实证研究方法，以《企业内部控制基本规范》及其配套指引实施后2011—2019年度强制披露内部控制审计报告和评估报告的A股上市公司为对象，将存在“被出具否定意见或无法表示意见内部控制审计报告”“内部控制评价报告中披露存在财务报告内部控制重大缺陷”“发生财务重述”“因财务会计违规问题被监管机构处罚”等四种情形之一认定为存在财务报告内部控制重大缺陷，采用 Heckman 两阶段回归控制内生性，分别从盈余管理、会计稳健性、投资效率、融资约束及分析师预测等五个方面研究了内部控制重大缺陷披露的经济后果。

我们发现，我国A股上市公司存在未如实披露内部控制重大缺陷的情况。我们的实证检验结果表明，存在内部控制重大缺陷的公司，盈余管理程度显著高于其他公司且这种差异主要体现在盈余管理方向为增加利润的样本公司，对于盈余管理方向为降低利润的公司则不显著；内部控制重大缺陷降低了会计稳健性；存在内部控制重大缺陷的公司更容易产生投资不足，投资过度则与内部控制重大缺陷不存在显著的相关关系；内部控制存在重大缺陷时，公司面临更高的融资约束；分析师倾向于跟踪内部控制有效的上市公司，内部控制存在重大缺陷时，分析师的预测误差更大，预测偏差更大。

本书的研究结果表明，在评价上市公司内部控制有效性、研究内部控制重大缺陷经济后果时，不应仅仅依赖当年度披露的内部控制审计报告和评价报告，后续年度发生的财务重述、因财务违规被监管机构处罚等情形也应该一并纳入考虑范围。

本书研究成果受到国家自然科学基金面上项目“公司如实披露了内部控制重大缺陷吗？——基于《企业内部控制基本规范》实施的研究”（批准号：71472102）的资助，特致感谢。同时感谢郝振平教授、张海燕副教授以及项目组其他成员对该项目的贡献。作者指导的研究生和本科生为该项目的顺利完成做出了贡献，他们是张露、陈薇、赵瑾、闵雪、沈筱芳、李师、贾丽丽、郑家仪、刘珈瑞、王潇汉、陈禹含、周方圆、张开、黄鑫鹏、苏艳钧、林钊、萧若诗等。其中，张露、陈薇、赵瑾、闵雪、沈筱芳、李师、贾丽丽、刘珈瑞、王潇汉等对本书内容亦有贡献。在此一并感谢！

陈武朝

2023 年 12 月于清华大学

目录

Contents

第一章　引　　言

一、研究背景

《企业内部控制基本规范》及其配套指引已于2011年1月1日起对在境内外同时上市的公司施行，自2012年1月1日起对在上海证券交易所、深圳证券交易所主板上市公司施行。执行《企业内部控制基本规范》及企业内部控制配套指引的公司，应当对内部控制的有效性进行自我评价，披露年度自我评价报告，同时应当聘请会计师事务所对财务报告内部控制的有效性进行审计并出具审计报告。按照《企业内部控制基本规范》及其配套指引的规定，只要内部控制存在一个重大缺陷，管理层就应该得出内部控制无效的结论，审计师也应该对内部控制有效性出具否定意见。

公司披露的内部控制自我评价及审计信息是否存在可靠性问题？在美国，对上市公司披露的内部控制自我评价报告可靠性的质疑越来越多。美国公众公司会计监督委员会（PCAOB）2012年发布的一个报告显示，该组织2011年复核的内控审计中，有22%存在缺陷，而这一比例在2010年仅为15%。Rice和Weber（2012）发现，在美国上市的公司执行《萨班斯－奥克斯利法案》404条款时，存在未如实披露存在的内部控制重大缺陷、内部控制自我评价报告不可靠的情形。

在我国，虽然上市公司发生重大会计差错甚至财务舞弊的情形屡见不鲜，但却只有极个别公司披露其内控存在重大缺陷。在《企业内部控制基本规范》及其配套指引正式实施前，有1618家上市公司披露了2010年度内部控制自我评价报告，其中，99%以上的上市公司认为自身的内部控制是有效的，仅有2家公司认为自身的内部控制体系未得到有效的实施（中国上市公司内部控制指数研究课题组，2011）；2011年度，境内外同时上市公司按照五部委的要求，开始执行企业内控规范体系，67家境内外同时上市公司中仅有1家公司（新华制药）披露其存在1个重大缺陷（财政部会计司、证监会会计部，2012）。2012年度，执行企业内控规范体系的公司扩大到国有控股主板上市公司，853家公司中仅有万福生科、海联讯、北大荒等3家公司披露了内部控制重大缺陷，占比为0.13%（财政部会计司、证监会会计部，2013）。显然，上市公司在年度内部控制自我评价报告中如实披露内部控制重大缺陷，有助于各利益相关者了解企业内部控制质量水平，《企业内部控制基本规范》及其配套指引也才能取得预期的效果。

本书研究关注的是，在执行《企业内部控制基本规范》及其配套指引时，是否存在内部控制有重大缺陷、因而应得到内部控制无效的结论，但上市公司却在内部控制评价报告未披露该等重大缺陷、从而得出内部控制有效的结论的情形？换言之，是否存在上市公司未如实披露重大缺陷的情形？披露（或不披露）实际存在的内控重大缺陷会产生什么经济后果？本书的研究将为评价上市公司内部控制自我评价结论是否可靠，以及影响上市公司内部控制评价结论可靠性的因素提供理论解释和实证证据。本书的研究结论有助于企业利益相关者及监管机构掌握《企业内部控制基本规范》及其配套指引实施中的问题，及时采取有效的措施。

二、研究方法

本书主要采用实证研究方法。首先，对所研究的问题进行理论分析，提出研究假设；其次，建立研究模型；再次，搜集上市公司的数据，进行描述性统计分析和回归分析；最后，解释回归结果，得到研究结论。

三、结构安排

本书共分十章。各章的内容安排如下：

第一章为引言。本章的主要内容是分析研究背景，阐述研究问题、研究方法和本书的结构。

第二章为内部控制相关研究文献综述。该章从以下几个方面综述了近年来内部控制的研究文献：（1）内部控制质量的度量；（2）上市公司披露的内部控制缺陷分类；（3）内部控制缺陷影响因素；（4）内部控制缺陷造成的经济后果；（5）披露或不披露内控重大缺陷影响因素及经济后果。

第三章为内部控制质量度量方法。该部分将内部控制质量度量方法分为两种，即是否存在重大缺陷法（“一票否决法”）以及得分法，并对两种方法的含义和优缺点进行了分析，明确本书的研究采用是否存在重大缺陷法。

第四章为内部控制重大缺陷披露分析。该章分析了内部控制重大缺陷的认定标准，最终确定以存在“被出具否定意见或无法表示意见内部控制审计报告”“内部控制评价报告中披露存在财务报告内部控制重大缺陷”“发生财务重述”“因财务会计违规问题被监管机构处罚”等四种情形之一作为认定是否存在内部控制重大缺陷的标准，并对 2011—2019 年强制执行内部控制评价和审计的 A 股上市公司内部控制重大缺陷披露情况进行了分析。

第五至第九章为内部控制重大缺陷经济后果研究，采用实证研究方法，以《企业内部控制基本规范》及其配套指引实施后 2011—2019 年度强制披露内部控制审计报告和评价报告的 A 股上市公司为对象，将存在“被出具否定意见或无法表示意见内部控制审计报告”“内部控制评价报告中披露存在财务报告内部控制重大缺陷”“发生财务重述”“因财务会计违规问题被监管机构处罚”等四种情形之一认定为存在财务报告内部控制重大缺陷，采用 Heckman 两阶段回归控制内生性，分别研究了内部控制重大缺陷与盈余管理程度、内部控制重大缺陷与会计稳健性、内部控制重大缺陷与投资效率、内部控制重大缺陷与融资约束、内部控制重大缺陷与分析师跟踪及分析师预测准确性的相关性。其中，第五章为内部控制重大缺陷与盈余管理程度相关性研究；第六章为内部控制重大缺陷与会计稳健性相关性研究；第七章为内部控制重大缺陷与投资效率相关性研究；第八章为内部控制重大缺陷与融资约束相关性研究；第九章为内部控制重大缺陷与分析师预测相关性研究；第十章为研究结论，总结了第三至第九章的研究结论，分析研究不足并探讨了未来的研究方向。

第二章　内部控制相关研究文献综述

在美国《萨班斯－奥克斯利法案》实施后，许多学者针对在美国上市的公司按照该法案404条款披露的内部控制缺陷的分类、内部控制缺陷的影响因素，以及披露内部控制缺陷的经济后果等，进行了大量的研究。国内相关领域的研究，主要是基于A股公司按照沪、深交易所《上市公司内部控制指引》要求披露的内部控制自我评价报告及注册会计师出具的鉴证意见等进行的研究。近些年的文献主要是针对按照2011年正式实施的《企业内控控制基本规范》及其配套指引而进行的内部控制自我评价及审计进行的研究。

一、关于内部控制质量的度量

对企业内部控制质量的度量，存在两种典型的方法：一种是用公司或外部审计师披露的重大缺陷来度量；另一种则是通过构造指数来度量。

（一）用重大缺陷来度量内部控制质量

对在美国上市的公司内部控制进行的研究，主要采用公司管理层在内部控制自我评价报告中披露、或审计师在审计报告中披露的重大缺陷来度量内部控制质量（Ashbaugh - Skaife et al.，2007；Bryan and Lilien，2005；Doyle et al.，2007a；Doyle et al.，2007b；Ge and McVay，2005；Hammersley et al.，2008；Krishnan，2005）。此外，也有文献在用内部控制重大缺陷来度量的同时，还辅以可疑情况等信息（Krishnan，2005）。一些针对中国上市公司内部控制的研究，也借鉴了国外的做法，如单华军（2010）在利用2007—2008年间披露内部控制评价报告的867家深市上市公司研究内部控制缺陷的影响因素及其经济后果时，就采用内部控制缺陷来度量内部控制质量。需要说明的是，单华军（2010）采用的是内部控制缺陷，而非重大缺陷。近年随着人工智能概念和技术的发展，出现了人工智能与内部控制结合的交叉研究。王海林（2017）将BP神经网络技术用于内部控制缺陷的认定，通过构建BP缺陷识别模型来识别企业的内控缺陷程度。

（二）通过构造指数来度量内部控制质量

许多针对我国上市公司内部控制的研究通过构造指数来度量内部控制质量。

一些研究采用该方法进行案例分析。于增彪等（2007）采用实地研究方法，详细探讨了亚新科安徽子公司如何设计和应用内控评价体系，构建了一个对内部控制五要素及其组成部分分别打分、按照给定的权重计算确定内部控制综合得分的评价方法。类似的研究还有戴彦（2006）等。

另有一些研究则侧重于建立数学模型，或进行理论上的探讨。王立勇（2004）运用可靠性理论和数理统计知识构建了一个内部控制系统评价的数学分析模型，利用该模型可计算控制程序的可靠度和系统可靠度，以判断内部控制的效果。王煜宇和温涛（2005）构建了五大类（内部控制环境、风险评估、内部会计控制、内部管理控制、监督控制)、35 个具体指标组成的企业内部控制评价指标体系。陈汉文和张宜霞（2008）分析了内部控制的有效性以及有效内部控制的内涵，认为评价企业内部控制的方法总体上可以分为详细评价法和风险基础法两种，风险基础法相对来说具有更高的成本效益和效率。张先治和戴文涛（2011）基于我国企业的环境和企业内部控制基本规范配套指引的实施，结合国内外企业内部控制评价理论研究和实践状况，构建了我国企业内部控制评价系统，包括内部控制评价内涵、评价目的、评价模式、评价主体、评价客体、评价模型等。吴秋生和杨瑞平（2011）分析了旨在降低评价工作成本、提高评价效率的内部控制评价整合。骆良彬和王河流（2008）及韩传模和汪士果（2009）讨论了基于 AHP 的内部控制质量模糊评价，王海林（2009）则分析了内部控制能力评价的 IC－CMM 模型。

还有一些研究则以大样本上市公司为对象，构造内部控制指数，借以比较不同公司内部控制质量的差异。张川等（2009）采用调查问卷来度量 136 家房地产公司的内部控制质量，研究了企业内部控制的执行和实施效果被认可的程度以及带来的业绩后果。深圳市迪博企业风险管理技术有限公司（2008）、深圳市迪博企业风险管理技术有限公司（2009）、深圳市迪博企业风险管理技术有限公司（2010）、深圳市迪博企业风险管理技术有限公司（2011）构建了由三级指标构成的内部控制评价指数，并按照该方法对 2007—2010 年内部控制建设情况进行了统计分析。陈汉文（2010）、陈汉文（2011）构建了由四级指标构成的内部控制评价指数，并按照该指数的计算方法，得到了我国上市公司 2009 年度、2010 年度的内部控制指数，然后对我国上市公司内部控制总体状况、各省份、各行业的内部控制进行了分析，并研究了交叉上市、风险管理部门设置、社会责任、处罚、审计意见、财务报表重述、自我评价报告、内部控制鉴证报告等与内部控制质量水平的关系。中国上市公司内部控制指数研究课题组等（2011）构建了由五大目标形成的内部控制基本指数和内部控制修正指数构成的内部控制指数，并运用2009年我国A股上市公司的数据计算了上市公司的内部控制指数。

林斌等（2014）及林斌等（2016）基于目标导向和信息披露导向构建了两种内部控制指数。其中，基于目标导向的内部控制指数由基础层级指数、经营层级指数、战略层级指数和修正指数构成；基于信息披露导向的内部控制指数含有5个一级指标、31个二级指标、87个评价指标，且作者经过实证检验证实了该指数的有效性。

二、关于上市公司披露的内部控制缺陷分类的研究

关于内部控制重大缺陷的分类，具有代表性的包括Doss和Jonas（2004）、Ge和McVay（2005）、Hammersley等（2008）、陈武朝（2012）、单华军（2010）等。

Doss和Jonas（2004）对穆迪公司将内部控制重大缺陷划分为公司层面和账户或交易层面进行了说明。其中，公司层面的重大缺陷包括无效的控制环境、无效的审计委员会、无效的内部审计及风险评价职能、无效的财务报告流程等；账户或交易层面的重大缺陷则包括除公司层面重大缺陷之外的其他所有重大缺陷。

Ge和McVay（2005）等研究了2002年8月到2004年11月在美国上市的公司披露的内部控制重大缺陷，将内部控制重大缺陷分为9大类，包括与特定账户相关的、培训、期末报告/会计政策、收入确认、不相容职务分离、账户调节、与分支机构相联系的、高层管理人员、技术问题等。

Hammersley等（2008）研究了2003年11月到2005年1月在美国上

市的公司披露的内部控制重大缺陷，把内部控制重大缺陷披露分为不易审计和易审计两个大类。前者包括关键人员方面的缺陷、财务报告重大缺陷（Financial reporting weaknesses）、控制环境重大缺陷等；后者则包括人力资源方面的重大缺陷、控制系统方面的重大缺陷、对交易的会计处理存在的重大缺陷等。

陈武朝（2012）研究了《萨班斯－奥克斯利法案》执行初期在美国上市的公司财务报告内部控制重大缺陷的认定及披露，得到一些对中国上市公司执行《企业内部控制基本规范》及其配套指引具有启示意义的结论：许多重大缺陷是根据内部控制审计准则指出的、表明公司内部控制可能存在重大缺陷的重要迹象来认定的；其他则通过重大缺陷的定义来认定。披露的内部控制重大缺陷涉及 COSO《内部控制——整合框架》五要素的几乎所有内容，以及资产负债表和利润表的几乎所有项目；仅有部分公司披露导致交易或账户层面重大缺陷的企业层面内部控制重大缺陷，同时，仅有部分公司披露受账户或交易层面内部控制重大缺陷影响的所有账户。

单华军（2010）回顾了我国上市公司内部控制缺陷披露的制度背景。2005 年，国务院批转证监会《关于提高上市公司质量意见的通知》。该通知要求上市公司要加强内部控制制度建设，对内部控制制度的完整性、合理性及其实施的有效性进行定期检查和评估，同时要通过外部审计对公司的内部控制制度以及公司的自我评估报告进行核实评价。2006 年，沪、深交易所颁布《上市公司内部控制指引》，要求上市公司批露董事会编制的（或由审计委员会编制的，经董事会审议的）内部控制自我评估报告和会计师事务所的核实意见（鉴证意见）。需要说明的是，深交所要求上市公司强制披露内部控制评价报告，而是否进行审计则可以自行确定；上交所则要求上市公司自愿性披露内部控制评价报告，而一旦披露，就必须进行审计。在此背景下，单华军（2010）研究了 2006—2008 年我国A股上市公司披露的内部控制评价报告中揭示的内部控制缺陷，发现沪市2006—2008年披露内部控制评价报告的公司占当年披露年度财务报告的公司比例分别为3.5%（30家），16.7%（144家）和40.5%（352家）；深市2007—2008年强制披露的公司比例分别为87.1%（424家）和95.5%（465家）。单华军（2010）根据上述公司披露的具体缺陷内容，将内部控制缺陷划分以下11类：子公司、关联交易、信息披露、内部审计、重大资产重组、债务重组、董事会、投资者关系、会计账户、激励体制、培训。

三、关于内部控制缺陷影响因素的研究

由于《企业内部控制基本规范》及其配套指引于2011年1月1日起才在境内外同时上市的公司施行，截至目前，国内外对内部控制缺陷影响因素的研究仍旧存在较大的差异。

国外关于内部控制缺陷影响因素的研究，主要是研究在美国上市的公司按照《萨班斯-奥克斯利法案》404条款要求披露的内部控制缺陷与公司特征之间的关系（Ashbaugh - Skaife et al.，2007；Bardhan et al.，2015；Chen et al.，2017；Chen et al.，2020；Doyle et al.，2007a；Doyle et al.，2007b；Ge and McVay，2005；Guo et al.，2015；Krishnan，2005；Leone，2007）。

Krishnan（2005）以审计委员会规模、独立性和专业性度量审计委员会的质量，内部控制质量则以披露的内部控制问题来度量，包括可疑情况及重大缺陷。Krishnan（2005）的检验结果发现，审计委员会的独立性越强，属于财务专家的审计委员会委员越多，公司存在内部控制缺陷的可能性越低。

Bryan 和 Lilien（2005）发现，那些披露了重大缺陷的公司的规模和业绩低于所在行业的平均水平，且 β 值更高。

Ge 和 McVay（2005）对 261 家披露了至少一个重大缺陷的公司进行研究，发现内部控制缺陷与可用于会计控制的资源不足有关，包括收入确认存在缺陷、无法做到不相容职务分离、期末报告流程和会计政策存在缺陷、账户调节存在缺陷等。进一步来说，披露重大缺陷的概率与公司业务复杂程度（如业务分部较多，有外币交易等）正相关，而与公司规模和盈利能力负相关。

Ashbaugh - Skaife 等（2007）发现，与未披露内部控制缺陷的公司相比，披露了内部控制缺陷的公司业务更复杂，往往刚刚经历了组织机构变化，会计风险更大，审计师更可能辞聘，可用于加强内部控制的资源更少等。

Doyle 等（2007b）以 2002 年 8 月到 2005 年 11 月间披露了内部控制重大缺陷的 779 家公司为对象，研究了应计项的质量与内部控制重大缺陷的关系，发现内部控制重大缺陷通常与估计质量较差的应计项有关，质量较差的应计项与较低质量的内部控制之间的关系通常是由那些难以审计的、属于公司层面的内部控制重大缺陷所导致的。

Doyle 等（2007a）以 2002 年 8 月到 2005 年 8 月间披露了内部控制重大缺陷的 779 家公司为对象，研究了内部控制重大缺陷的决定因素，发现这些公司的规模更小，成立时间更短，财务能力更弱，业务更复杂，成长速度较快。公司层面内部控制问题严重的公司规模更小，成立时间更短，财务能力更弱；账户层面内部控制问题严重的公司财务健康但业务复杂，多元化且业务变化较快。

Leone（2007）总结了 Ashbaugh - Skaife 等（2007）、Doyle 等（2007a）关于内部控制影响因素的研究，将影响内部控制缺陷的因素概括为：组织结构复杂性、存在重大组织变革以及在内部控制系统方面的投入多少等。

Bardhan 等（2015）及 Chen 等（2020）从家族企业角度进行了研究。家族企业性质对企业内部控制质量有影响，家族企业的内部控制质量通常较差，且具有双重股权结构的家族企业发生内控缺陷的概率更大（Bardhan et al.，2015）。Chen 等（2020）发现在内部控制缺陷披露制度下，家族企业较其他企业更可能对内控缺陷进行整改，且内控相关的利益侵占行为会减少。

Guo 等（2015）从雇员关系角度切入，发现具备友好雇员政策的公司的内部控制缺陷和财务重述的可能性都较低。

Chen 等（2017）对董事会独立性与内部控制缺陷的关系进行研究，发现审计委员会独立性与内部控制缺陷的负相关关系显著。另外，还发现账户或交易层面的内控缺陷受审计委员会独立性影响较大，而公司层面的内控缺陷受薪酬委员会独立性的影响较大。

林斌等（2010）在梳理国内外相关文献时，将内部控制影响因素分为内部因素和外部因素两大类，具体包括成长性、交易复杂程度、规模、公司治理、内审、法律及制度环境等。

张继德等（2013）通过问卷调查方法研究发现，影响内部控制有效性的关键因素从大到小依次为：管理层重视、组织结构、资金、人员素质、信息技术和管理成熟度。

由于我国《企业内部控制基本规范》及其配套指引自 2011 年才开始实施，已有的对中国上市公司内部控制缺陷影响因素的研究，主要是针对 A 股上市公司是否按照 2006 年上海证券交易所和深圳证券交易所分别出台的《上市公司内部控制指引》来披露内部控制评价结论的，且内部控制缺陷并未区分一般缺陷、重要缺陷与重大缺陷，而是笼统地界定为内部控制缺陷。相关研究主要有杨有红和陈凌云（2009）、瞿旭等（2009）、单华军（2010）等。

杨有红和陈凌云（2009）对2007年沪市公司披露内部控制自我评估报告的情况进行了统计，重点考察了内部控制自我评估与会计差错更正、审计意见、受证监会处罚的关系，提出了一些有价值的政策建议。

瞿旭等（2009）采用案例分析方法，研究了民生银行2001、2002、2006、2007年披露的内部控制实质性漏洞，发现年报中各部分披露的内部控制信息含量差异较大，受政策监管力度的影响存在特定年度突然增多或减少的现象；内部控制中的实质性漏洞倾向于同职责划分的缺失和不恰当的授权、培训的缺乏、会计政策中的缺陷、不适当的对账以及技术问题有关。

单华军（2010）利用2007—2008年披露内部控制评价报告的867家深市A股上市公司，研究了内部控制缺陷的影响因素及其经济后果。在研究内部控制缺陷影响因素时，该文选取了内部控制环境（从股权结构角度考察公司投入动力，即愿不愿意投入）和内部控制资源（从财务特征角度考察公司投入能力，即有没有能力投入）两个角度，发现公司内部控制资源是影响公司内部控制质量高低的基础因素，具体表现为内部控制缺陷数量与公司规模显著负相关，而与公司是否亏损、资产负债率以及应收账款比例显著正相关；股权结构是影响公司内部控制质量高低的关键因素，具体表现为相对于中央政府控制的公司，非中央政府控制公司内部控制质量更容易受到内部控制资源（公司投入能力）的影响。在研究内部控制缺陷的经济后果时，该文选取了盈余管理与公司违法违规两个角度，采用内部控制缺陷直接度量内部控制质量。在盈余管理方面，该文发现，公司内部控制缺陷越多，可操控性应计项越多，即盈余管理程度越大；基于不同的终极控制权，内部控制缺陷与盈余管理的相关性仅出现在非中央政府控制的上市公司中。在违法违规方面，该文发现，内部控制缺陷越多的上市公司，下一年度受到违规处罚和诉讼的可能性就越大；相对于中央政府控制的公司，存在内部控制缺陷的非中央政府控制公司受到法律诉讼和违规处罚的概率更高。

单华军（2010）的主要不足在于：其一，采用缺陷数量反映内部控制质量的高低，并未对内部控制缺陷的严重程度进行区别，而美国实施《萨班斯－奥克斯利法案》及我国的《企业内部控制基本规范》及其配套指引均将内部控制缺陷分为一般缺陷、重要缺陷与重大缺陷，通常只有存在重大缺陷才能说明内部控制无效；其二，在所研究的样本期间（2007—2008年），《企业内部控制基本规范》及其配套指引尚未开始实施，上市公司是按照2006年上海证券交易所和深圳证券交易所分别出台的《上市公司内部控制指引》来披露内部控制评价结论的，且内部控制缺陷并未区分一般缺陷、重要缺陷与重大缺陷，而是笼统地界定为内部控制缺陷；其三，论文研究基于公司诚实披露的假定，即只要公司存在内部控制缺陷就进行了全面完整的披露，但实践中公司存在缺陷却选择藏匿的可能性是存在的；其四，未考虑影响内部控制缺陷的其他因素，如近期发生重大资产重组、行业因素等；对内部控制缺陷经济后果的研究也只考虑了盈余管理与违法违规，未考虑缺陷披露后的市场反应、对资本成本产生的影响等。

刘焱和姚海鑫（2014）以4种迹象来度量企业是否存在内部控制缺陷，包括：①公司或其相关责任人员受到证监会处罚；②发布会计差错更正说明；③年度报告被出具保留、否定或无法表示意见的审计报告；④在其内部控制自我评价报告中陈述公司存在内部控制缺陷。实证结果表明审计委员会专业性有助于降低企业内部控制缺陷发生的可能性，而高管权力的增加会削弱该作用。

邵春燕等（2015）发现终极控制股东的控制权、现金流权与内部控制缺陷显著负相关；控制权和现金流权的两权分离度与内部控制缺陷正相关；金字塔层级与内部控制缺陷显著正相关。

尚兆燕和扈唤（2016）发现独立董事辞职与公司内部控制重大缺陷

显著正相关，且该作用随独立董事年龄的不同而存在差异，年轻独立董事主动辞职行为传递了公司内部控制重大缺陷更为强烈的信号。

朱彩婕和刘长翠（2017）依据可能存在内部控制重大缺陷的4种迹象进行赋值量化，得到内部控制缺陷修复的衡量分值，进而研究了公司治理对内部控制缺陷修复的影响。结果表明，第一大股东持股比例、高管薪酬与内部控制缺陷修复正相关，审计委员会中独董比例与内部控制缺陷修复负相关。

王海林和王晓旭（2018）研究表明，企业的国际化程度越高，内部控制质量反而越低，内部控制披露存在重大或重要缺陷的可能性反而越大。另外还发现信息透明度是企业国际化对内部控制质量产生作用的中介变量之一。

池国华等（2019）以央企控股上市公司为例，得到政府审计可以降低内部控制缺陷概率且该效应具备一定滞后性和连续性的结论。

四、关于内部控制缺陷经济后果的研究

按照《企业内部控制规范》，内部控制有5个目标：合理保证企业经营管理合法合规、资产安全、财务报告及相关信息真实完整，提高经营效率和效果，促进企业实现发展战略；按照COSO《内部控制——整合框架》，内部控制有3个目标：提高企业经营的效率和效果、财务报告的可靠性、遵循法律法规。如果内部控制存在缺陷，从而导致不能有效实现其目标，则必然反映在财务报告或公开披露的其他信息中，进一步影响资本市场利益相关者的行为。换言之，内部控制缺陷的经济后果，体现在内部控制缺陷披露对资本市场利益相关者行为的影响。

文献检索发现，相关研究主要集中于内部控制缺陷披露对投资者、

审计师、分析师等利益相关者的影响。

林斌等（2010）在梳理相关文献时，将内部控制缺陷经济后果分为对盈利质量的影响、市场反应、对融资成本的影响、对公司价值的影响、对审计的影响、对风险的影响等方面；单华军（2010）则将内部控制缺陷经济后果分为与会计盈余的关系、对投资者行为的影响、对外部审计师行为的影响、对分析师的影响等。

（一）内部控制缺陷与会计盈余的关系

Doyle 等（2007b）研究了应计项质量与财务报告内部控制质量的关系，发现财务报告内部控制越弱，公司的应计质量越低；与账户或交易层面相比，公司层面的缺陷更容易造成应计质量降低。Chan 等（2008）基于《萨班斯 - 奥克斯利法案》404 条款，研究发现报告内部控制缺陷的公司具有更多的、做大利润的可操控性应计项目；404 条款有助于降低管理层有意无意的计量误差，提高盈余质量。Ashbaugh - Skaife 等（2008）研究发现，披露了内部控制重大缺陷的公司，应计项目的质量更低；审计师证实了内部控制缺陷得到改善的公司，应计质量明显提高。Lobo 和 Zhou（2006）研究了《萨班斯 - 奥克斯利法案》404 条款对会计稳健性的影响，发现《萨班斯 - 奥克斯利法案》404 条款实施后与实施前相比，可操控性应计项目更低，对损失的报告更快，表明公司的会计稳健性提高了。Donelson 等（2017）研究了企业内部控制缺陷和财务舞弊的关系及其影响机制，发现企业内部控制重大缺陷增加了财务舞弊的概率，一方面因为公司内控存在缺陷为管理层提供更多投机机会，另一方面在存在内控缺陷的企业中，管理层较为忽视财务报告的质量。Keune 和 Keune（2018）发现内部控制缺陷影响管理层的会计政策变更决策，管理层通常在内部控制缺陷披露当年或下一年更有可能进行会计政策变更。

张龙平等（2010）采用修正 Jones 模型度量盈余质量，以 2006—2008 年沪市披露内部控制鉴证报告的公司为样本，研究发现内部控制鉴证提升了公司会计盈余质量。

方红星和金玉娜（2011）发现，高质量内部控制能够抑制公司的会计选择盈余管理和真实活动盈余管理；披露内部控制鉴证报告的公司具有更低的盈余管理程度；获得合理保证的内部控制鉴证报告的公司的盈余管理程度更低。方红星和张志平（2012）进一步发现，公司具有较高的内部控制质量时，管理层机会主义行为受到限制，对预期经济损失"坏消息"及时识别和确认力度增加，会计稳健性增强；后续期间，相对内部控制质量没有变化的公司，内部控制质量提高的公司具有更高的会计稳健性，反之内部控制质量下降的公司则具有更低的会计稳健性，并且这一结论不受管理层盈余管理行为的影响。

范经华等（2013）以 2008—2009 年中国 A 股上市公司为研究对象，研究内部控制和审计师行业专长对应计和真实盈余管理的治理作用。其研究发现，高质量的内部控制有助于抑制公司的应计盈余管理行为，但对真实盈余管理的抑制作用较小；其次，公司的内部控制质量越好，越有助于发挥审计师行业专长对应计和真实盈余管理的治理作用。

肖华和张国清（2013）研究发现，公司的内部控制质量与盈余持续性正向关联，盈余持续性与公司价值也正向关联。这表明，我国上市公司内部控制管制初见成效，既有利于提高上市公司的盈余质量，也有利于公司估价。

叶建芳等（2012）以 2008—2010 年深圳证券交易所 A 股主板上市公司为研究对象，探讨内部控制缺陷及其修正与盈余管理之间的关系，发现存在内部控制缺陷的企业比不存在内部控制缺陷的企业有更高的盈余管理程度。在时间维度上进一步分析结果表明，内部控制缺陷得到修正后，企业的盈余管理程度会降低。

刘启亮等（2013）采用盈余管理和财务重述衡量会计信息质量，研究了公司高管的权力配置结构对公司内部控制与会计信息质量之间关系的影响。其研究发现，公司的内部控制质量与会计信息质量正相关；但公司内部控制对会计信息质量的提升作用受制于公司内部高管的权力配置结构，即高管权力集中的情况下，内部控制的改善对会计信息质量并没有明显的提升作用。

刘行健和刘昭（2014）研究了内部控制缺陷对公允价值与盈余管理之间关系的影响，发现上市公司存在利用投资收益、营业外收入和计提减值准备等公允价值相关账户进行盈余管理的行为；存在内控缺陷的上市公司只有营业外收入与盈余管理具有显著正相关关系，而不存在内控缺陷的上市公司则表现为投资收益和资产减值损失与盈余管理具有显著正相关关系。

宫义飞和谢元芳（2018）研究了内部控制缺陷存在、类型及整改对盈余持续性的影响，发现内部控制缺陷对盈余持续性有减损作用，企业内部控制缺陷越严重其盈余持续性越低，企业对内部控制缺陷整改后盈余持续性可得到提升，缺陷的存在、类型及整改对应计持续性的影响均大于对现金流持续性的影响。

（二）内部控制缺陷对投资者行为的影响

关于内部控制缺陷对投资者的影响，主要是采用事件研究法研究内部控制缺陷披露的信息含量，即内部控制缺陷披露后股价和交易量是否发生显著的变化（Franco et al.，2005；Hammersley et al.，2008；Kim and Park，2009；池国华等，2012；田高良等，2011；杨清香等，2012；余海宗等，2013）。也有的文献研究内部控制缺陷披露对公司权益资本成本的影响（Ashbaugh－Skaife et al.，2009；Ogneva et al.，2007；邓德强和冯悦，2011；林钟高和丁茂桓，2017；张然等，2012）。近几年文献扩展至更多与资本市场相关的话题，包括金融衍生品成本、融资成本、企业融资约束、并购重组等方面（Darrough et al.，2018；Harp and Barnes，2018；顾奋玲和解角羊，2018）。

Franco 等（2005）研究了 2003 年 11 月 1 日至 2004 年 12 月 31 日间披露的内部控制缺陷公司的市场反应，提供了市场对内部控制缺陷存在显著的负面反应的证据，且发现规模小的投资者的负面反应程度大于规模大的投资者。

Beneish 等（2008）研究了按照《萨班斯－奥克斯利法案》302 条款要求披露的未经审计的 330 家公司的内部控制自我评估报告，以及按照《萨班斯－奥克斯利法案》404 条款要求披露的经审计的 383 家公司的内部控制自我评估报告，发现股价在前者披露后平均会产生 −1.8% 的超额收益率，而对后者的披露则没有显著的反应。此外，聘用了高质量审计师的大型快速申报公司（accelerated filers）的超额收益率（平均为 −1.1%）要显著低于非快速申报公司（non－accelerated filers）（平均为 −4.22%），说明小公司披露的内部控制缺陷的信息含量大于大公司。

Irving（2006）研究了按照《萨班斯－奥克斯利法案》404 条款和 302 条款要求披露的内部控制缺陷所引起的股价和交易量的变化，发现披露内部控制缺陷与股价、交易量存在显著的正相关关系。

Hammersley 等（2008）发现，在美国上市的公司披露的内部控制信息具有信息含量，内部控制缺陷的特点，如严重程度、管理层关于内部控制是否有效的评价结论、是否可审计、披露是否模糊等，都会引起股票市场的反应；在一般缺陷、重要缺陷、重大缺陷中，披露的缺陷越严重，市场的反应越负面；在“内部控制无效”和“虽然存在缺陷，但内部控制仍然是有效的”两种结论中，市场对后者的负面反应程度更轻；市场对“四大”审计的公司的负面反应程度比小规模审计师审计的公司更轻；披露的内部控制缺陷越不容易审计、披露的内部控制缺陷的信息越模糊，市场的负面反应程度越大。

Ashbaugh - Skaife 等（2007）通过比较《萨班斯 - 奥克斯利法案》404 条款实施前披露的未经审计的内部控制评价报告与《萨班斯 - 奥克斯利法案》404 条款实施后披露的经审计的内部控制评价报告，研究了内部控制质量的变化对公司风险和权益资本成本的影响，发现披露了内部控制缺陷的公司的随机风险、系统风险和权益资本成本更高，内部控制质量提高且经审计师确认的公司的权益成本降低 50—150 个基点。

Kim 和 Park（2009）研究了按照《萨班斯 - 奥克斯利法案》302 条款要求披露的内部控制缺陷的市场反应。他们推测，内部控制缺陷披露引起的市场反应与内部控制缺陷披露对市场不确定性的改变有关，如果内部控制缺陷披露有助于缓解市场不确定性，则由该披露引发的负面市场反应的程度要更轻。实证检验结果验证了其推测：内部控制缺陷披露引起的超额收益率与股票日收益率标准差的变化负相关，同时，对自愿披露非实质性缺陷的公司来说，这种不确定性降低的幅度更大。

与 Kim 和 Park（2009）的研究不同的是，Ogneva 等（2007）研究了按照《萨班斯 - 奥克斯利法案》404 条款要求首次披露的内部控制缺陷与权益资本成本的关系，发现内部控制缺陷并未导致较高的权益资本成本。

Tang 等（2015）以信用违约互换为例研究了内部控制缺陷与金融衍生品定价之间的关系。结果显示，存在内控缺陷的企业的衍生品成本也较高，且公司层面的缺陷较账户层面的缺陷影响更大。另外，内控缺陷整改可以降低衍生品的成本。

Harp 和 Barnes（2018）以净经营资产收益率和股票超额收益率作为并购绩效衡量指标，发现在企业并购行为中，具有内部控制重大缺陷的并购方的并购绩效相对较低。

Darrough 等（2018）发现存在内部控制缺陷的并购者往往会支付更

多并购溢价、导致更差的市场反应以及更低的并购收益。

张然等（2012）以2007—2012年间沪深主板上市的A股公司年度报告或独立公告中披露的内部控制自我评价和鉴证报告为对象，研究其披露是否会降低企业资本成本，发现披露内控自我评价报告的公司的资本成本相对较低，且进一步披露内部控制鉴证报告的公司资本成本更低。需要说明的是，与单华军（2010）不同的是，张然等（2012）并未考察样本公司是否披露了内部控制缺陷。

邓德强和冯悦（2011）研究了2008年深市非金融类A股上市公司内部控制信息质量对债务融资成本的影响，发现内部控制信息质量与债务融资成本呈显著负相关关系，表明银行在贷款定价的决策中考虑了企业披露的内部控制信息，且信息质量越高，银企间信息不对称性越低，从而更有可能降低企业的债务融资成本。

林钟高和丁茂桓（2017）研究了内部控制缺陷修复和政府内部控制监管力度对企业债务融资成本的影响，发现内部控制缺陷提高了企业的风险不确定性，增加了债务融资成本，而内部控制缺陷的修复降低了债务融资成本；内部控制监管力度的加强明显提升了内部控制缺陷修复的进度，显著降低了企业外部风险和债务融资成本。

顾奋玲和解角羊（2018）研究了企业在不同内部控制环境下的融资约束问题，发现存在内部控制缺陷的企业与不存在内部控制缺陷的企业相比，前者有较高的融资约束，并且随着企业内部控制缺陷程度的增加，企业将面临更高的融资约束。此外还发现审计师意见具有传导作用，当期被出具非标审计意见的情况下，内部控制缺陷对融资约束的作用会增强。

陈共荣和刘燕（2007）研究了内部控制信息披露的市场反应，发现详细披露内部控制信息的公司在年报公布前后的累计超额收益显著大于0，且不同时窗内累积超额收益均值显著大于简单披露的公司。其研究结果表明，我国股票市场对详细披露内部控制信息的公司有显著的正面反应。

田高良等（2011）以在2007年和2008年存在重大会计差错的公司作为内控缺陷研究样本，研究了财务报告内控缺陷对会计信息价值相关性的影响，发现当公司存在财务报告内控缺陷时，其净利润的价值相关性下降，投资者在确定股票价格时会更多地参考账面价值，同时其净利润和账面价值对股票价格的总体解释能力下降。

池国华等（2012）发现，披露重大缺陷使个人投资者风险认知水平显著地高于没有披露任何缺陷和披露重要缺陷的风险认知水平，但不披露任何缺陷与披露重要缺陷对个人投资者风险认知的影响并没有显著差异，管理层和注册会计师对内部控制有效性的肯定意见并没有显著增强个人投资者的信心。其次，个人投资者进行风险决策时更倾向于使用注册会计师提供的内部控制信息，较之管理层对内部控制的自我评价，注册会计师的评价既有替代作用，又有增量信息价值；在披露内部控制缺陷的情况下，个人投资者对内部控制审计报告的使用程度越高，预期投资风险就越高。

余海宗等（2013）以2009—2011年深市A股上市公司为样本，实证考察了内部控制信息披露的市场反应，验证了引起市场反应的具体路径，发现内部控制信息披露可以间接反映企业内部控制的管理水平和投入水平，反映企业的财务状况和经营情况；内部控制信息披露表现越好，市场评价越高；良好的内部控制信息披露能够增进投资者对会计信息的信任，提高会计信息决策的有用性，内部控制信息披露表现越好，会计盈余的信息含量越高。

杨清香等（2012）以2006—2009年沪市A股上市公司为研究对象，实证考察了内部控制信息披露的市场反应。其研究发现，从总体上看，我国上市公司内部控制信息披露具有明显的市场反应，但从不同侧面看，内部控制信息披露的市场反应存在显著差异。从披露内容看，内部控制有效引起股票价格上涨，而内部控制缺陷则引起股票价格下跌；从披露类型看，强制性披露较自愿性披露更具有价值相关性；从披露详略看，详细披露会引起股票价格上涨，而简单披露则不一定。

（三）内部控制缺陷披露对融资行为的影响

内部控制缺陷除对投资者产生影响、可能导致企业权益资本成本提高外，还可能导致债权融资难度加大、债权融资成本提高。

Schneider 和 Church（2008）发现，低质量内部控制导致债权人担忧公司会计信息质量可靠性并因此担忧公司不确定性，从而影响信贷风险评估结果。Costello 和 Wittenberg－Moerman（2011）发现财务报告内部控制重大缺陷增加了公司信用的不确定性，债务代理成本和贷款监督成本提高，从而导致贷款成本提高。El－Mahdy 和 Park（2014）研究了内部控制缺陷披露与美国二级贷款市场的买卖价差，发现低质量内部控制与信息不对称呈正相关关系。Park 等（2017）发现，在市政债券市场，内部控制缺陷与市政债券的高借贷成本有关。李晓慧和杨子萱（2013）通过对中国《企业内部控制基本规范》实施后 2010—2011 年沪、深两市 A 股上市公司的研究发现，企业内部控制质量越高，越容易获得债务资本、债务资本成本越低、越容易获得较长的债务期限。

以中国 A 股上市公司为对象的一些研究提供了中国上市公司内部控制与融资约束相关关系的实证证据。

程小可等（2013）采用投资—现金流敏感性模型对 2009—2011 年沪深 A 股主板上市企业进行检验，发现高水平的内部控制能够有效缓解融资约束，同时高水平内部控制与银企关联之间存在替代机制，即银行关联企业更多地借助于银行资源来降低其融资约束水平，而非银行关联企业会更多通过提高内部控制水平以降低信息不对称，缓解融资约束。

王丽平等（2015）采用投资—现金流敏感性模型对2005—2011年沪深两市上市公司研究发现，高质量的内部控制有利于抑制恶性增资行为；融资约束越低，恶性增资越严重；对于恶性增资的抑制，融资约束与内部控制具有替代效应。

戴经纬和李连军（2014）采用现金—现金流敏感性模型对2005—2012年沪深A股上市公司研究发现，内部控制水平的提高有助于缓解融资约束，内部控制与会计稳健性在缓解融资约束方面存在一定的替代效应。

董育军和丁白杨（2015）采用现金—现金流敏感性模型对沪深A股2007—2010年上市公司研究发现，内部控制能够缓解上市公司面临的融资约束，即上市公司的内部控制质量越高，其融资约束水平越低；与国有企业相比，内部控制缓解民有企业融资约束效果更显著。

樊后裕和丁友刚（2016）采用现金—现金流敏感性模型对2009—2013年沪深A股上市公司研究发现，企业的内部控制质量与融资约束呈显著负相关关系，内部控制及各要素质量越高，企业受到的融资约束越小；在同等条件下，与国有企业相比，在非国有企业中内部控制对融资约束的影响更大。

顾奋玲和解角羊（2018）采用现金—现金流敏感性模型对2013—2017年沪深A股主板上市公司研究发现，存在内部控制缺陷的企业与不存在内部控制缺陷的企业相比，前者有较高的融资约束，并且随着企业内部控制缺陷程度的增加，企业将面临更高的融资约束。

上述以中国A股上市公司为对象的研究均发现内部控制质量越高，企业面临的融资约束就越小，相应地，存在内控缺陷的公司往往也就面临更高的融资约束水平。

（四）内部控制缺陷披露对外部审计师行为的影响

内部控制评价及缺陷披露增加了负责年报审计的审计师的工作量，可能会导致审计费用的提高。与此同时，内部控制缺陷披露增加了审计师的责任和风险，及被公司解聘的可能（Bae et al.，2020；Ettredge et al.，2011；Hogan and Wilkins，2008；Hoitash et al.，2008；Huang and Scholz，2012；Li，2007；Raghunandan and Rama，2006；方红星和刘丹，2013；李越冬等，2014；刘成立和韩新新，2012；肖成民和李茸，2012；徐玉霞和王冲，2012）。

Raghunandan 和 Rama（2006）、Hogan 和 Wilkins（2008）均考察了内部控制评价及缺陷披露与审计费用的关系。Raghunandan 和 Rama（2006）考察了内部控制评价报告披露与审计费用的关系，发现披露内部控制评价报告后，审计费用显著上升；与没有披露内部控制缺陷的公司相比，披露了内部控制缺陷的公司的审计费用更高；无论披露的内部控制缺陷是系统性还是非系统性的，审计费用不存在显著的差异。Hogan 和 Wilkins（2008）研究了内部控制风险水平与审计费用的关系，发现在控制规模、风险及盈利能力后，披露了内部控制缺陷的公司的审计费用更高；特别地，披露了内部控制重大缺陷的公司审计费用更高，固有风险和信息风险更高的公司的审计费用更高。Hoitash 等（2008）研究发现对于存在内部控制缺陷的公司，审计费用随着问题严重程度的变化而变化，另外在《萨班斯－奥克斯利法案》302 条款下披露了存在内部控制缺陷的公司，在第 2 年《萨班斯－奥克斯利法案》404 条款实施后持续支付更高的审计费用。

Bae 等（2020）用每小时的审计费用作为衡量指标，发现内部控制存在重大缺陷会导致审计师付出更多努力，进而索要更多的费用。

Li（2007）考察了《萨班斯－奥克斯利法案》404条款的实施对审计延迟（audit delay）、审计师变更、审计独立性的影响，发现其实施造成了显著的审计延迟，即定期报告披露得更晚；存在内部控制重大缺陷的公司更容易发生审计师主动辞聘现象；收到负面审计意见的公司更容易解聘审计师，但在解聘审计师后获得负面意见的可能性更大，这意味着，公司不能通过变更审计师来达到购买内部控制审计意见的目的。Ettredge等（2006）也发现《萨班斯－奥克斯利法案》404条款的实施造成了显著的审计延迟，即定期报告披露得更晚。

Ettredge等（2011）、Huang和Scholz（2012）研究发现存在内部控制缺陷的公司更换审计师的可能性更高，主要原因是公司希望通过辞退可能对其内部控制出具不利报告的审计师来提高其财务报表的可信度，以及审计师拒绝接受风险过高的客户。

徐玉霞和王冲（2012）以2007—2009年3607家A股上市公司数据为样本，从审计收费和审计意见两个维度考察内部控制如何影响审计师的行为，发现企业内部控制越好，审计费用越低。

刘成立和韩新新（2012）发现，内部控制风险越高的公司，审计收费越高；内部控制信息内容越全面的公司，审计收费越低；监事会和独立董事对内部控制发表意见完整的上市公司，审计收费低；设立了内部审计部门的公司，审计收费较低。其研究发现表明，内部控制风险是上市公司与会计师事务所在确定审计定价时必须考虑的一个重要因素。

李越冬等（2014）提出内部控制与外部审计间具有相互替代作用，即审计费用与内部控制重大缺陷间存在显著正相关关系。进一步根据不同的产权性质讨论该作用机理后，发现注册会计师对内部控制存在重大缺陷的企业收取的审计费用较高，且与非国有企业相比，该现象在国有企业更加显著。

肖成民和李茸（2012）考察了上市公司内部控制的有效性水平是否

影响其年度报告的审计意见。通过使用上市公司内部控制指数衡量内部控制的有效性，其研究显示2010年度上市公司年度报告的审计意见受到了内部控制有效性的显著影响，内部控制的有效性越差，年度报告收到非标准审计意见的可能性越大；而且在非标准审计意见中，内部控制越差的公司越可能收到惩罚力强的审计意见。

方红星和刘丹（2013）发现上市公司内部控制质量越低，变更审计师的可能性越大；而变更审计师的公司对高质量审计的需求概率则与内部控制质量变化表现为倒U形曲线关系，即对于变更审计师的公司，在变更方向上，高质量审计需求与内部控制质量的变化表现出先上升、后下降的趋势。这说明当内部控制足够有效时，内部控制与高质量审计之间具有替代关系。

（五）内部控制缺陷对分析师行为的影响

内部控制有效性是否会影响分析师的行为？有效的内部控制是否会提高分析师预测的质量？Kim和Park（2009）研究了内部控制质量对分析师行为的影响，结果发现，分析师更不可能跟踪内部控制薄弱的公司；进一步来说，内部控制缺陷越严重，分析师预测误差越大，预测分歧也越大；相比内部控制薄弱的公司，分析师盈利预测修正更少发生在内部控制有效的公司。这表明，与薄弱的内部控制相比，有效的内部控制提高了分析师预测的质量；分析师在预测时会考虑公司披露的内部控制信息。

陈武朝等（2017）重新定义了内部控制重大缺陷的内涵，将内控评价报告中披露存在重大缺陷、发生财务重述、被监管机构处罚、财务报告内部控制被出具否定意见的样本定义为内控存在重大缺陷。在此基础上分析了内部控制重大缺陷与分析师预测的关系，发现分析师倾向于跟踪内控质量高的上市公司且内控重大缺陷与分析师预测偏差正相关。

Ji 等（2019）发现内部控制缺陷与分析师预测偏差呈正相关关系，且进一步分析发现，强制披露制度可以降低分析师预测偏差水平。

（六）内部控制缺陷对高管薪酬契约的影响

杨程程和程小可（2015）以《企业内部控制配套指引》在沪深主板上市公司实施为背景，使用2012年内部控制信息数据，研究了上市公司内部控制缺陷披露与高管薪酬之间的经验关系。其研究发现：相对于没有披露其内部控制缺陷的上市公司，那些披露其内部控制缺陷的公司具有更高的高管薪酬水平；内部控制缺陷披露显著提高了上市公司高管薪酬业绩敏感性。上述发现为理解我国内部控制制度建设、上市公司内部控制缺陷披露行为及其经济后果提供了新的经验证据。

五、披露（不披露）内控重大缺陷影响因素及经济后果的研究

Rice 和 Weber（2012）以《萨班斯－奥克斯利法案》404 条款实施后发生了财务报表重述的公司为样本，研究了内部控制评价报告的决定因素，发现仅有少部分公司承认其财务报表发生错报期间的内部控制存在重大缺陷，且这部分公司所占比重逐年减少。进一步研究发现，披露存在内部控制重大缺陷的概率，与外部融资需求、公司规模、非审计服务的费用、是否为大型会计师事务所审计负相关，而与财务困境、审计师付出的努力、以前年度披露过重大缺陷或发生过财务报表重述、近期发生审计师变更或管理层变更正相关。这表明，发现及披露重大缺陷的动

机，在公司年度报告中是否会披露内部控制重大缺陷起重要作用。

Lamoreaux（2013）发现，PCAOB 对审计师工作质量进行检查并曝光（PCAOB inspection exposure）与审计师报告所发现的内控重大缺陷的动机相关，并最终影响财务报告内部控制审计质量。这表明，当监管环境比较宽松时，审计师倾向于不披露或少披露其发现的财务报告内部控制缺陷。

Rice 等（2015）发现，以前披露公司存在内控重大缺陷、随后发生了财务重述的公司，与以前披露公司不存在内部控制重大缺陷、而在发生财务重述后才承认存在内控重大缺陷的公司相比，没有证据表明后者比前者遭受更多的惩罚。相反，前者会面临更多的集体诉讼（class action lawsuits）、SEC 处罚、管理层与审计师变更等。换言之，公开披露公司存在的内控重大缺陷，使公司管理层很难在之后发生财务重述时宣称其对可能导致财务重述的情形不知情而减责或免责。这在一定程度上解释了，为什么许多发生财务重述的公司在财务重述前的期间宣称其内控是有效的。

Asare 等（2013）综述了与财务报告内部控制审计有关的审计师决策过程的研究，认为审计师在评估、审计财务报告内部控制并披露其结论时的决策过程至关重要。

De Simone 等（2015）发现购买审计师提供的税务咨询服务的企业披露内部控制缺陷的可能性较低。该现象在公司面临经营变化以及企业与审计师建立联系的初期更为明显。

Bentley - Goode 等（2017）研究了企业战略影响内部控制缺陷披露的可能性。相比于采取“防御性”战略的企业，采取“探索者”战略特征的企业披露内控缺陷的概率更高，但对内控缺陷的修正可能性更低，同时审计师提供的内控披露质量也相对较低。

Fitzgerald 等（2018）以美国大型非营利组织为对象，研究发现审计师任期与内部控制缺陷的披露概率、披露质量以及披露程度均存在负相关关系。

Cheng 等（2019）揭示了企业审计委员会委员若在最近三年内披露过内部控制重大缺陷的企业兼职，则公司披露内部控制重大缺陷的可能性较小。

McGuire 等（2020）从企业税率角度出发，研究发现年度有效税率的波动程度可提供企业内部控制是否有效的预期信号。有效税率波动率越大，企业披露内部控制缺陷的概率越大。

杨程程等（2013）发现，我国上市公司披露其内部控制缺陷相关信息的行为整体上存在倒置现象。具有规模大、公司价值高、流通股比例高、监事会行使职责频繁等特征的企业，更倾向于披露其内部控制存在缺陷；而具有经营结构复杂、上市年限长以及当年有会计重述行为的企业，披露其内部控制不存在缺陷或存在严重性较低缺陷的概率较高。进一步，规模大、流通股比例较高的民营企业更倾向于披露其内部控制缺陷，而在国有企业，上述两个因素对其内部控制缺陷披露程度的影响不明显。

赵息和许宁宁（2013）以深市 A 股主板市场 2008—2011 年财务重述公司为基础，利用内部控制缺陷与财务重述的因果关系确定内部控制存在缺陷的上市公司样本，对管理层权力与内部控制信息披露中的管理层机会主义行为之间的关系进行了实证研究。研究发现，管理层权力越大，上市公司管理层越倾向于隐瞒已经存在的内部控制缺陷，即在当前公司治理机制弱化和内部控制缺陷认定标准模糊的背景下，管理层可能会利用其对公司的控制权影响内部控制缺陷的披露。另外，相对于非国资控股公司，国资控股公司管理层更倾向于隐瞒已经存在的内部控制缺陷。

Ge 等（2017）从审计监督视角出发，量化考察得到内部控制有效性披露豁免企业的收益和成本问题。结果表明，因豁免内控披露节约的审计费用总计约 3.88 亿美元，而因豁免披露导致的内控问题成本远超该收益。

Basu 等（2018）发现 IPO 前在招股说明书中主动披露内部控制缺陷及其整改情况的企业 IPO 抑价相对较低，原因是该种信息披露降低了企业与投资者间的信息不对称程度。

谢凡等（2016）从上市公司内部控制强制实施的视角研究了内部控制缺陷披露的经济后果，主要是从实现内部控制的目标来考量。结果发现，我国上市公司披露的内部控制缺陷具有一定信息含量，内部控制缺陷与内部控制目标的实现存在负相关关系，且该相关关系会受到公司规模和上市年限的影响。

六、对国内外研究的评析与思考

（一）关于内部控制质量度量的述评

在用重大缺陷来度量内部控制质量时，那些没有披露内部控制重大缺陷的公司的评价结论都是内部控制有效。事实上，上市公司内部控制质量水平存在差异。通过构造指数来度量内部控制质量的目的，正是度量不同公司内部控制质量水平的差异。但使用内部控制指数也存在一些问题，如指标选择的合理性、不同指标权重设计的合理性、打分情况可能存在较大的主观随意性等，以及所依赖的上市公司相关信息的可靠性。

此外，在采用重大缺陷度量内部控制质量时，一个不容回避的问题是，公司是否如实披露了重大缺陷？如 Rice 和 Weber（2012）发现的那样，披露是否存在内部控制重大缺陷的概率，与外部融资需求、公司规模、非审计服务的费用、是否为大型会计师事务所审计负相关，而与财务困境、审计师付出的努力、以前年度披露过重大缺陷或发生过财务报表重述、近期发生审计师变更或管理层变更正相关。这表明，上市公司未披露内控重大缺陷，并不表明内控就一定有效。因此，有必要对披露或不披露的动机进行研究。

（二）关于上市公司披露的内部控制缺陷分类的研究

此类研究对于深入掌握上市公司内部控制缺陷必不可少，也是对内部控制缺陷影响因素、内部控制缺陷披露影响因素进行进一步研究的基础。在文献综述中发现，对于上市公司明确界定为某类缺陷的情形，比较容易分类；而对于上市公司披露比较模糊的情形，在分类时则在很大程度上依赖研究者的专业判断。

（三）关于内部控制缺陷影响因素的研究

对内部控制重大缺陷影响因素的研究，一般建立在上市公司会如实披露其是否存在内部控制重大缺陷这一假设基础上。但 Rice 和 Weber（2012）等研究发现该假设是不成立的。

此外，从严重性来看，企业层面重大缺陷要大于业务层面。以往对内部控制重大缺陷影响因素的研究也很少考虑到这一点。

（四）关于内部控制缺陷披露经济后果的研究

国外关于内部控制缺陷经济后果的研究，主要是对《萨班斯－奥克斯利法案》404 条款实施初期披露了内部控制重大缺陷的公司所进行的。考虑到上市公司也会根据其观察到的经济后果调整其行为，在经过一段时间后，这些研究的结论是否仍然成立，有待检验。这些结论是否适用于中国，也有待进一步的研究。

（五）披露（不披露）内控重大缺陷影响因素及经济后果的研究

自 Rice 和 Weber（2012）发现美国上市公司存在未披露其内控重大缺陷的证据后，陆续有文献研究公司不披露其内控重大缺陷的影响因素及经济后果。Rice 等（2015）表明，披露公司存在内控重大缺陷、随后发生了财务重述的公司，反而比不披露公司存在内控重大缺陷、而在发生财务重述后才承认存在内控重大缺陷的公司面临更多的集体诉讼、SEC 处罚、管理层与审计师变更等。同时，该研究也表明，为落实《萨班斯－奥克斯利法案》404 条款而采取的措施难以使公司有动机遵循《萨班斯－奥克斯利法案》404 条款。此外，该研究也解释了，为什么大多数财务重述发生在那些宣称其财务报告内部控制有效的公司。他们还发现，那些宣称财务报告内部控制有效、但随后发生了财务重述的公司的股票，在披露财务重述日前后的累计超额收益率为负的程度更大，超额交易量也更大。也就是说，不可靠的财务报告内部控制评价报告，会误导投资者的决策，从而增加投资者的成本。Rice 等（2015）为研究不披露内控重大缺陷经济后果提供了很好的借鉴。

已有的针对中国上市公司进行的类似研究尚存在一些不足之处。赵息和许宁宁（2013）的不足之处在于：没有区分内控重大缺陷、重要缺陷与一般缺陷；没有检验已披露内控重大缺陷的公司与未披露内控重大缺陷公司的影响因素是否存在差异；样本期间为 2008—2011 年，而《企业内部控制基本规范》及其配套指引在 2011 年才开始在境内外同时上市的公司中实施，上市公司在 2008—2010 年间主要是按照《内部会计控制规范——基本规范（试行）》进行自我评估且审计师出具的是鉴证报告而非审计报告。杨程程等（2013）的不足之处在于：将2012年披露财务重述及违规公告的公司视为该年度的内控重大缺陷样本，而未考虑财务重述及违规涉及的可能是以前年度；未检验已披露内控重大缺陷的公司与未披露内控重大缺陷公司的影响因素是否存在差异。

第三章　内部控制质量度量方法

一、引言

自2002年美国《萨班斯－奥克斯利法案》颁布后，企业内部控制质量已经成为监管机构关注的重点之一。2008年和2010年我国财政部等五部委先后发布《企业内部控制基本规范》和《企业内部控制配套指引》，初步建立了我国内部控制规范体系，要求企业随年报一同披露内部控制自我评价报告和审计师出具的内部控制审计报告。在此基础上，中国注册会计师协会于2011年发布《企业内部控制审计指引实施意见》，在实操层面对内部控制审计给予了较为具体的指导。该套规范体系2011年适用于同时在境内外上市的公司，2012年扩展到主板国有企业，2013年扩展到规模以上（总市值50亿元以上、2009—2011年平均利润3000万元以上）主板非国有企业，到2014年及之后则适用于所有主板上市公司。基于这些制度要求，我国上市公司在逐步落实的过程中其内部控制质量也在逐渐改善。然而，资本市场中管理不规范、管理不合规甚至财务欺诈行为仍然频现，该类现象的发生与企业的内部控制有较强的关联，也引发了对企业内部控制质量评价的思考。内部控制质量评价直接影响利益相关者对企业综合资质的衡量，进而可能影响企业的信用评级、投融资行为、供应链管理行为等，严重者甚至关乎企业的存亡。故采用何种标准来对内部控制质量进行评价无疑是十分重要的，不仅关系企业本身的生存与发展，而且对监管机构而言是梳理和预防实业及金融风险的关键要素之一。

目前，内部控制质量的评价可分为定性评价和定量评价两大类。定性评价旨在考量企业内部控制的有效性，定量评价则重在考量企业内部控制水平的高低程度。部分监管机构及学者采用定性评价的方式，即使用是否存在内部控制重大缺陷作为企业内部控制是否有效的评判标准，这种二元评价方式实质上是“一票否决”的方式。其他监管机构及学者则采取定量评价的方式，即构建各种内部控制指标体系并据此对企业内部控制实际情况进行打分，我们称作“得分法”。两种内部控制质量评价方式的发展应用以及孰优孰劣值得进一步探讨。

二、内部控制质量度量——是否存在重大缺陷法

（一）是否存在重大缺陷法的含义

按照美国 PCAOB 第 2 号审计准则或第 5 号审计准则（PCAOB，2004；PCAOB，2007），只要存在一个内部控制重大缺陷，内部控制就应被认定为无效。我国《企业内部控制审计指引》规定，注册会计师认为财务报告内部控制存在一项或多项重大缺陷的，除非审计范围受到限制，应当对财务报告内部控制发表否定意见（财政部等，2010）。换言之，只要存在一个重大缺陷，内部控制就应该被认定为无效。我们将根据是否存在内部控制重大缺陷来判断内部控制是否有效称为评价内部控制质量的“是否存在重大缺陷法”，或称为“一票否决法”。

美国《萨班斯-奥克斯利法案》中并未对内部控制及内部控制重大

缺陷的定义做出明确规定，美国 PCAOB 于2004 年颁布的第2 号审计准则中定义内部控制重大缺陷是存在微小可能性导致企业年度或中期财务报告重大错报未能被防止或发觉的一种或多种重要缺陷的集合（PCAOB，2004）。2007 年，PCAOB 颁布了第 5 号审计准则作为第 2 号审计准则的替代准则，对内部控制重大缺陷的定义有所调整，定义内部控制重大缺陷为存在合理可能性导致企业年度或中期财务报告重大错报未能被及时防止或发觉的一种或多种重要缺陷的集合（PCAOB，2007）。相比而言，修订后的内部控制重大缺陷概念定义的严格程度有所放松，尤其体现在“合理可能性”替代“微小可能性”的字眼上。我国财政部等五部委发布的《企业内部控制审计指引》中指出，内部控制重大缺陷是一个或多个控制缺陷的组合，可能导致企业严重偏离控制目标（财政部等，2010）。

（二）是否存在重大缺陷法的优点

使用内部控制重大缺陷法来评价内部控制质量，逻辑清晰、简明扼要。在该评价体系中，只有是和否两种情形，企业管理层、审计师或其他评价方只需要判断两个问题，第一，企业是否存在内部控制缺陷，包括设计缺陷和运行缺陷等。第二，在发现企业的内部控制缺陷基础上依据一定标准判断该缺陷是否重大。而对于判断缺陷是否重大的相关制度规范是有据可循的。陈武朝（2012）研究了《萨班斯 - 奥克斯利法案》执行初期在美国上市的公司财务报告内部控制重大缺陷的认定及披露，发现许多重大缺陷是根据内部控制审计准则指出的、表明公司内部控制可能存在重大缺陷的重要迹象来认定的，其他则通过重大缺陷的定义来认定。我国《企业内部控制审计指引》及《企业内部控制审计指引实施意见》中也明确提出了内部控制重大缺陷的定义以及判断内部控制重大缺陷的迹象。

使用内部控制重大缺陷来评价内部控制质量，是遵循会计谨慎性原则的体现。我国早在1992年发布的《企业会计准则》中就将谨慎性原则作为会计核算的一般原则。2006年修订的《企业会计准则——基本准则》在会计信息质量要求中提出企业对交易或事项进行会计确认、计量和报告应当保持应有的谨慎，不应高估资产或者收益、低估负债或者费用。从契约解释来看，谨慎性原则作为一种有效的缔约机制，可降低各方机会主义行为，降低违约可能性从而提高企业价值（黄梅，2005）。一些企业可能在内部控制建设及运行方面投入很多资源，但仍然难免存在一个或少数几个重大缺陷。而只要存在一个重大缺陷，内部控制就被认定为无效。重大缺陷法因此对于企业而言无疑是非常严格的要求，正契合了谨慎性原则的内在要求，有助于缓解企业在内部控制建设及运行方面可能存在的机会主义行为。

（三）是否存在重大缺陷法的缺点

使用内部控制重大缺陷来评价内部控制质量，评价标准相对单一，存在“一刀切”弊端。根据重大缺陷认定的特定标准，得出企业内部控制有效性“是”与“否”的结论不免略显草率。每个企业都有自己特定的企业特征、行业特征以及自身所处的特殊发展时期，该方法对此可能缺乏全面的考虑。

使用内部控制重大缺陷来评价内部控制质量，存在主观判断成分，客观性存疑。外部审计师和管理层对内部控制缺陷的识别以及内部控制缺陷的认定可能产生差异。差异产生原因一方面是个人特质，另一方面是缺陷与判断者的利益关联程度（郑石桥，2017）。而实务中审计师与管理层的私人关系程度或者同一企业主体面对不同的审计师可能得出的内部控制缺陷结果均有可能存在差异。因此使用该方法在实际应用中仍存在一定操作空间，通过重大缺陷法筛选后的企业内部控制质量仍然可能有不合格的“漏网之鱼”。

三、内部控制质量度量——得分法

（一）得分法的含义

内部控制质量评价方法除内部控制重大缺陷的“一票否决法”之外，一些学者和专业咨询公司都从不同角度出发构建了相应的内部控制评价指标体系，主要包括基于内部控制目标和内部控制要素为基准的指标体系，这里统称为“得分法”。

中国上市公司内部控制指数研究课题组等（2011）以企业内部控制基本框架体系为制度基础，基于内部控制战略、经营、报告、合规和资产安全五大目标的实现程度设计了内部控制基本指数。林斌等（2014）将内部控制目标分为基础层级、经营层级、战略层级三类，在此基础上构建了目标导向的内部控制指数。依据三类层级得分不同得到的企业内部控制质量评价也不同，基础层级、经营层级和战略层级分值高低依次体现企业发展的层次及高度。陈关亭等（2013）以 COSO 企业风险管理框架和我国内部控制相关规范为理论基础，构造了以 ERM 框架八要素为核心的内部控制评价指标体系。Chen 等（2017）依据 COSO 框架及我国内部控制规范体系，构建了以内部控制五大要素为框架的指标体系并实证检验了其有效性。深圳市迪博企业风险管理技术有限公司自 2008 年起连续发布《中国上市公司内部控制白皮书》，自 2011 年起连续发布“中国上市公司内部控制指数”，并构建了风险数据库、内部控制库、外部审计库等8个专业数据库。其中针对内部控制的数据库又细分为内部控制指数库、内部控制信息披露指数库、内部控制评价缺陷库等9个细分数据库，其中常用的内部控制指数及内部控制信息披露指数是根据内部控制目标的实现程度和内部控制五要素以及企业管理实际经验开发出的指标体系，也是得分法运用的实例之一，在学术研究领域得到较为广泛的使用。

实务界尤其是金融行业对得分法应用较为深入。以规模和影响力较大的银行业及证券行业为例来看，2014年原银监会发布修订后的《商业银行内部控制指引》，要求商业银行建立内部控制评价制度。2015年10月人民银行出台了《商业银行内部控制评价指南》（JR/T 0125—2015）（以下简称《评价指南》），结合银行业行业特征对商业银行开展内部控制评价做出具体指导，主要基于公司层面、流程层面及IT层面构建了详细的分级指标体系，这是应用内部控制得分法的具体体现。2003年我国证监会颁发了《证券公司内部控制指引》，对证券公司定期作出内部控制评价提出了要求。2009年证监会发布《证券公司分类监管规定》，决定将依据一定的评价指标与标准，按照证券公司风险管理能力、市场竞争力及持续合规情形对证券公司进行分类评价管理（5大类11个级别）。证监会将证券公司的基准分设定为100分，依据评价结果在基准分的基础上进行加分或减分。此后证监会对分类监管规定进行了多次修订（2010年、2017年、2020年），其中在2020年的最新修订稿中首次明确出现了“内部控制”字眼，在第十一条和第十八条都增添了内部控制相关描述和要求，且在证券公司风险管理能力评价指标与标准中有三处增加了内部控制相关内容。证监会对证券公司的分类监管并不是内部控制采用得分法的直接体现，但分类监管的总体打分思路和本文所言“得分法”的精神是相同的，且分类监管的评价指标中也多处纳入内部控制指标，因此也属于内部控制得分法的间接呈现。

（二）得分法的优点

使用得分法来评价内部控制质量，依据翔实具体，应用性更强。各类指标体系均基于理论依据，经过逻辑严格的设计，其内容也丰富翔实。比如中国上市公司内部控制指数研究课题组等（2011）设计了5类基本指数变量、9类具体指数变量的内部控制基本指数体系，陈关亭等（2013）设计了8项一级指标、36项二级指标及180项三级指标的内部控制评价指标体系等。基于这些评价指标体系，无论是企业的自我评价还是外部评价，无论是直接采纳运用还是根据企业实际情况重新设计，都具有很强的参考意义。

使用得分法来评价内部控制质量，可纳入行业特殊性考量。我国银行业内部控制指引及内部控制评价指南便是结合行业特殊性运用得分法进行内部控制质量评价的成功实例。在评价指标体系的构建过程中，可以赋予不同层次的指标不同的权重，较为常见的方法有层次分析法（AHP）、德尔菲法（DT）等，可充分考虑应用对象的特殊性而量身定做其内部控制评价方法，具备一定灵活性，避免一刀切应用的弊端。

（三）得分法的缺点

使用得分法来评价内部控制质量，存在标准多样化导致的难以统一问题。主流的内部控制指数评价体系有基于过程观和基于目标观两种逻辑（陈汉文和黄轩昊，2019），“过程观”指以企业内部控制要素为出发点，旨在通过检验其健全性和执行有效性来衡量内部控制质量的指标体系；“目标观”则是以内部控制目标为出发点，旨在通过检验内部控制目标实现程度来度量内部控制质量的指标体系。两种逻辑下的内部控制指标体系中具体指标差异较大，其计算结果也往往不同。再考虑即使同种逻辑下指标体系的构建也存在内容迥异的现象，实际应用中因标准多元往往存在难以统一的问题。

使用得分法来评价内部控制质量，因非公开信息受限存在一定偏差。得分法下的内部控制评价往往需构建较为复杂的指标体系，通常涉及多个层级多个指标甚至会达到上百个具体指标，在计算得分时因企业的非公开信息获取难度较大，主要还是依据公开信息，据此得到的结果更像是一个信息披露指数，而与真正的内部控制指数差异较大。另外，对于非上市公司而言，由于企业各方面数据本身的不完善和保密性要求，得分法的内部控制评价方式很难进行，可能存在更多的数据估计情形，结果往往导致偏差更为显著。

四、本章小结

基于以上对内部控制质量两种度量方法的分析可以发现，两种方式各有优劣，分别适用于不同的情形。从监管机构角度来看，监督与处罚的职能决定了采用是否存在内部控制重大缺陷的“一票否决法”似乎更为合理。一票否决的机制具备更强的威慑作用，企业出于避免被处罚的考虑，不得不尽可能避免出现任何重大缺陷。一票否决方式下，监管机构行使处罚权力时依据明晰，不存在模糊边界。但是从监管机构的管理优化职能角度看，采用内部控制重大缺陷的一票否决方式效果可能不理想。细致复杂的“得分法”之下，监管机构可以对企业的内部控制细分领域做出详细的判定，有助于从具体环节去督导管理企业，进而有针对性地提升企业的内部控制质量。从企业评价与管理角度看，“一票否决法”的标准相对于“得分法”更为严格，便于总体判断和筛选，更适用于对企业的外部评价。“得分法”由于其细致化和体系化，更适用于企业内部审查与评价以及内部管理质量的提高与改善。从学术理论研究角度看，“一票否决法”和“得分法”方式并无明显差别。因此，两种内部控制质量评价方法均具有其优缺点，并不存在绝对的优与劣，在不同情境下选择合适的方法以达成预期目标才是最重要的。

目前，针对美国上市公司内部控制质量的研究，大多按照是否存在重大缺陷法来度量；针对中国上市公司内部控制质量的研究，样本属于《企业内部控制基本规范》及其配套指引实施前的，通常都采用得分法；《企业内部控制基本规范》及其配套指引实施后，两种方法都可以见到。本书采用是否存在重大缺陷法即“一票否决法”。

第四章　内部控制重大缺陷披露分析①

一、引言

《企业内部控制基本规范》及其配套指引已于2011年1月1日起在境内外同时上市的公司施行，自2012年1月1日起将在上海证券交易所、深圳证券交易所主板上市公司施行。执行《企业内部控制基本规范》及企业内部控制配套指引的公司，应当对内部控制的有效性进行自我评价，披露年度自我评价报告，同时应当聘请会计师事务所对财务报告内部控制的有效性进行审计并出具审计报告。按照《企业内部控制基本规范》及其配套指引的规定，只要内部控制存在一个重大缺陷，管理层就应该得出内部控制无效的结论，审计师也应该对内部控制出具否定意见。

公司披露的内部控制自我评价及审计信息是否存在可靠性问题？在美国，对上市公司404合规报告可靠性的质疑越来越多。2009年12月，SEC首席会计师办公室专业会计研究员（Professional Accounting Fellow）Doug Besch在一个讲话中表示，近年来上市公司报告的内控缺陷下降，

---

① 本章主要内容发表于《财会通讯》2021年第4期《上市公司如实披露了内部控制重大缺陷吗?》（作者：陈武朝、贾丽丽）。

可能是因为内控缺陷没有被识别并报告出来，而非内控得到了改进①。PCAOB（2012）披露，其2011年复核的内控审计，有22%存在缺陷，而这一比例在2010年仅为15%。Rice和Weber（2012）发现，在美国上市的公司执行《萨班斯－奥克斯利法案》404条款时，存在未如实披露存在的内部控制重大缺陷、内部控制自我评价报告不可靠的情形，而且，识别和披露重大缺陷的动机在内控重大缺陷的披露中扮演了重要角色。

在我国，虽然上市公司发生重大会计差错甚至财务舞弊的情形屡见不鲜，但却只有极个别公司披露其存在内控重大缺陷。在《企业内部控制基本规范》及其配套指引正式实施前，2010年度披露内部控制自我评价报告的1618家公司中，99%以上的上市公司认为自身的内部控制是有效的，仅有2家公司认为自身的内部控制体系未得到有效的实施（中国上市公司内部控制指数研究课题组等，2011）；2011年度，境内外同时上市的公司按照五部委的要求开始执行企业内控规范体系，67家境内外同时上市的公司中仅有1家公司（新华制药）披露其存在1个重大缺陷。2012年度，执行企业内控规范体系的公司扩大到国有控股主板上市公司，853家公司中仅有万福生科、海联讯、北大荒等3家公司披露了内部控制重大缺陷，占比为0.13%。显然，上市公司在年度内部控制自我评价报告中如实披露内部控制重大缺陷，有助于各利益相关者了解企业内部控制质量水平，《企业内部控制基本规范》及其配套指引也才能取得预期的效果。

在执行《企业内部控制基本规范》及其配套指引时，是否存在内部控制有重大缺陷、因而应得到内部控制无效的结论，但上市公司却在内部控制评价报告未披露该等重大缺陷、从而得出内部控制有效的结论的情形？换言之，是否存在上市公司未如实披露重大缺陷的情形？本章根

① Doug Besch的讲话题目为Remarks before the 2009 AICPA National Conference on Current SEC and PCAOB Developments.，全文见https：//www.sec.gov/news/speech/2009/spch120709db.htm.

据《企业内部控制基本规范》及其配套指引界定了内部控制重大缺陷认定标准，并据此对内部控制重大缺陷披露情况进行了分析，发现我国A股上市公司存在未如实披露内部控制重大缺陷的情形。

二、内部控制重大缺陷认定

关于内部控制重大缺陷的认定标准目前并不统一。Doyle等（2007）采用PCAOB第2号审计准则中关于内部控制重大缺陷的定义，即内部控制重大缺陷是具有微小可能性导致企业年度或中期财务报表错误未被阻止或发觉的一种或多种缺陷的集合。陈武朝（2012）研究了《萨班斯－奥克斯利法案》执行初期在美国上市的公司财务报告内部控制重大缺陷的认定及披露，发现许多重大缺陷是根据内部控制审计准则指出的、表明公司内部控制可能存在重大缺陷的重要迹象来认定的。刘焱和姚海鑫（2014）提出了度量企业是否存在内部控制重大缺陷的四种迹象，包括：（1）公司或其相关责任人员受到证监会处罚；（2）发布会计差错更正说明；（3）年度报告被出具保留、否定或无法表示意见的审计报告；（4）在其内部控制自我评价报告中陈述公司存在内部控制缺陷。陈武朝等（2017）则从财务角度对其中三种迹象进行了更为细致和严格的筛选，总结出判断内部控制存在重大缺陷的标准：（1）被监管机构针对财务报告进行处罚；（2）发生财务重述；（3）财务报告内部控制被出具否定意见审计报告；（4）内部控制自我评价报告主动披露财务相关的重大缺陷。其中，前2个属于内控存在重大缺陷的迹象；后2个属于公司或注册会计师自主披露内控存在重大缺陷。

继财政部等部门发布《企业内部控制基本规范》和《企业内部控制审计指引》后，2011年中国注册会计师协会发布了《企业内部控制审计指引实施意见》，其中第六条第三款中列示了表明内部控制可能存在重大缺陷的迹象为：（1）注册会计师发现董事、监事和高级管理人员的任何舞弊；（2）被审计单位重述以前公布的财务报表，以更正由于舞弊或错误导致的重大错报；（3）审计师发现当期财务报表存在重大错报，而被审计单位内部控制在运行过程中未能发现该错报；（4）审计委员会和内部审计机构对内部控制的监督无效（中国注册会计师协会，2011）。

美国公众公司会计监督委员会（PCAOB）2004 年发布的《第 2 号审计准则——与财务报表审计相结合的财务报告内部控制审计》（“第 2 号审计准则”）第 140 条中将如下迹象作为识别内部控制重大缺陷的标准（PCAOB，2004）：（1）对已签发的财务报告进行重述（包含错报以及舞弊）；（2）审计师识别出公司内部控制未识别出的重大错报；（3）审计委员会对企业外部财务报告及内部控制的监督无效；（4）内部审计职能和风险评估职能无效；（5）受高度管制行业的企业的合规监督职能无效；（6）管理层任何形式的欺诈行为；（7）已与管理层和审计委员会沟通过的重大缺陷在一定期限后仍未得到纠正；（8）无效的控制环境。PCAOB 于 2007 年发布《第 5 号审计准则——与财务报表审计相整合的财务报告内部控制审计》（“第 5 号审计准则”）作为第 2 号审计准则的更新，其中第 69 条陈述了内部控制重大缺陷的迹象（PCAOB，2007），较第 2 号准则中的相关内容有所简化：（1）管理层任何形式的欺诈行为；（2）对已签发的财务报告进行重述；（3）审计师发现当期财务报表存在重大错报，而被审计单位内部控制在运行过程中本应该发现但未能发现该错报；（4）企业审计委员会对财务报告相关内部控制的监督无效。

对比中美监管机构对内部控制重大缺陷迹象的描述，虽然略有不同，本质是相同的，即从管理层舞弊、财务报告重述、外部审计及内部控制监督四个方面来判定是否存在重大缺陷。管理层舞弊的后果表现为行政处罚，内部控制监督的结果表现为管理层的自我评价报告。结合监管机构制定的准则和相关学者的研究结论，且出于谨慎性原则，我们依据陈武朝等（2017）对财务报告内部控制重大缺陷的认定方式来探讨我国上市公司是否如实披露了内部控制重大缺陷，将存在下列情形之一者认定为财务报告内部控制存在重大缺陷：（1）被出具否定意见或无法表示意见内部控制审计报告；（2）内部控制评价报告中披露存在财务报告内部控制重大缺陷；（3）已公布的财务报表因存在重大会计差错而被更正，即发生财务重述。我们将发生重大会计差错更正即财务重述的公司的重述年度视为存在财务报告内部控制重大缺陷；（4）因财务会计违规问题被监管机构处罚，我们将因财务会计问题被证监会处罚、立案调查，及被上交所或深交所纪律处分的公司财务会计违规问题涉及年度视为存在财务报告内部控制重大缺陷。

三、上市公司内部控制重大缺陷披露情况

根据财政部、证监会、审计署、银监会、保监会《关于印发企业内部控制配套指引的通知》（2010 年 4 月 15 日，财会〔2010〕11 号）的规定，《企业内部控制基本规范》及其配套指引自 2011 年 1 月 1 日起在境内外同时上市的公司施行，自 2012 年 1 月 1 日起在上海证券交易所、深圳证券交易所主板上市公司施行；在此基础上，择机在中小板和创业板上市公司施行。

按照财政部、证监会发布的《关于 2012 年主板上市公司分类分批实施企业内部规范体系的通知》（2012 年 8 月 14 日，财办会〔2012〕30 号）的规定，（1）中央和地方国有控股上市公司，应于 2012 年全面实施企业内部控制规范体系，并在披露 2012 年公司年报的同时，披露董事会对公司内部控制的自我评价报告以及注册会计师出具的财务报告内部控

制审计报告；(2) 非国有控股主板上市公司，且2011年12月31日公司总市值（证监会算法）在50亿元以上，同时2009—2011年平均净利润在3000万元以上的，应在披露2013年公司年报的同时，披露董事会对公司内部控制的自我评价报告以及注册会计师出具的财务报告内部控制审计报告；(3) 其他主板上市公司，应在披露2014年公司年报的同时，披露董事会对公司内部控制的自我评价报告以及注册会计师出具的财务报告内部控制审计报告。

此外，按照上海证券交易所、深圳证券交易所的规定，新上市的公司应当在上市的下一年度年报披露的同时，披露内控评价报告和内控审计报告。

基于上述监管规定，我们搜集了2011—2019年强制披露的内部控制评价报告和审计报告的数据，包含2011—2013年间过渡期的样本。我们根据两大迹象和自主披露情况判断存在内部控制重大缺陷的企业数量，并与自主披露存在内部控制重大缺陷的企业数量进行比较，以分析上市公司披露内部控制重大缺陷的真实情况。

依据前文所采用的内部控制重大缺陷认定标准来筛选，即存在"被出具否定意见或无法表示意见内部控制审计报告""内部控制评价报告中披露存在财务报告内部控制重大缺陷""发生财务重述""因财务会计违规问题被监管机构处罚"等四种情形之一认定为存在财务报告内部控制重大缺陷，得到存在内部控制重大缺陷的企业总数为627个，详细年度分布如表4-1所示。2011—2019年企业内部控制自我评价报告中主动披露存在重大缺陷的上市公司共188个，如表4-2所示。依据企业自主披露的数据来看，2011—2019年存在内部控制重大缺陷的企业共188个，而依据本文选取标准来看，2011—2019年具有内部控制重大缺陷的上市公司数量为627个，是前者的3倍多，表明我国上市公司或注册会计师自主披露存在重大缺陷的上市公司数量远远小于根据四种情形认定的存在内部控制重大缺陷的上市公司数量，说明我国上市公司并未如实披露内部控制重大缺陷。

表4－1　　　　存在内部控制重大缺陷的上市公司统计情况

年份	财务报告内部控制被出具否定或无法表示意见	内部控制评价报告中披露存在内部控制重大缺陷	发生财务重述	因财务会计违规问题被处罚	存在内部控制重大缺陷的上市公司数量
2011	1	1	0	4	5
2012	2	1	0	44	44
2013	10	5	1	43	50
2014	22	19	2	58	75
2015	14	9	4	68	79
2016	22	16	10	78	95
2017	35	29	12	65	96
2018	52	48	6	57	96
2019	70	60	0	29	87
合计	228	188	35	446	627

注：按照两种或以上情形被认定存在内部控制重大缺陷的公司在汇总时只计算一次。

数据来源：CSMAR 数据库。

进一步来说，不同年份的情形具有较大差异。表4－2列示了按照四个认定内部控制重大缺陷的情形认定的存在内部控制重大缺陷的企业数量与自主披露存在内部控制重大缺陷的企业数量的比较统计，可以发现，在2012年至2013年该比例非常高，可能与当时上市公司和审计师对内部控制重大缺陷认定标准不熟悉有关。在2014年至2019年该比例总体呈下降趋势，可能是因为“因财务会计违规问题被监管机构处罚”“发生财务重述”通常发生在年度结束之后，年份越早，按照这两个迹象认定的样本可能越多；年份越晚，按照这两个迹象认定的样本可能越少。

表4－2　两种标准下存在内部控制重大缺陷上市公司统计表

年份	（1） 自主披露或有迹象表明存在内部控制重大缺陷的上市公司数量	（2） 自主披露存在内部控制重大缺陷的企业数量	（3） （1）与（2）数量之差	（4） （1）与（2）数量之比
2011	5	1	4	5.00
2012	44	1	43	44.00
2013	50	5	45	10.00
2014	75	19	56	3.95
2015	79	9	70	8.78
2016	95	16	79	5.94
2017	96	29	67	3.31
2018	96	48	48	2.00
2019	87	60	27	1.45
合计	627	188	439	3.34

注：按照两种或以上情形被认定存在内部控制重大缺陷的公司在汇总时只计算一次。

数据来源：CSMAR数据库。

进一步，将2011—2019年上市公司内部控制重大缺陷相关数据按照行业情况分类进行分析。如表4－3所示，依据内部控制重大缺陷四种情形来看，因财务会计违规问题被处罚而被认定存在内部控制重大缺陷的企业最多，超过一半的数量。表4－4则展示了存在内部控制重大缺陷的企业在不同行业中的占比情况，可以发现，占比最高的前三个行业分别为其他制造业、木材家具业以及采掘业。从监管角度看，这个结果提示要重点关注财务会计违规问题及实际内控缺陷占比较大的重点行业。

表 4-3　　内部控制存在重大缺陷上市公司分行业统计情况

行业	财务报告内部控制被出具否定或无法表示意见	内部控制评价报告中披露存在内部控制重大缺陷	发生财务重述	因财务会计违规问题被处罚	存在内部控制重大缺陷的上市公司数量
农、林、牧、渔业	5	4	0	3	7
采掘业	20	17	1	28	41
食品、饮料	9	6	4	18	29
纺织、服装、皮毛	4	4	1	5	10
木材、家具	3	2	0	10	11
造纸、印刷	2	1	0	5	7
石油、化学、塑胶、塑料	17	11	1	46	55
金属、非金属	15	13	1	32	42
机械、设备、仪表	26	22	0	67	85
医药、生物制品	13	13	2	39	48
其他制造业	9	7	0	10	13
电力、煤气及水的生产和供应业	4	4	0	14	16
建筑业	2	2	0	10	12
交通运输、仓储业	8	8	3	17	27
信息技术业	40	33	7	49	77
批发和零售贸易	20	14	4	33	54
金融、保险业	2	2	0	8	10
房地产业	17	14	4	15	32
社会服务业	5	5	3	23	29
传播与文化产业	2	2	4	11	15
综合类	5	4	0	3	7
合计	228	188	35	446	627

注：考虑行业分类详略程度的适用性，本统计按照证监会 2001 版行业分类要求整理；按照两种或以上情形被认定存在内部控制重大缺陷的公司在汇总时只计算一次。

数据来源：CSMAR 数据库。

表 4－4　　存在内部控制重大缺陷上市公司分行业占比统计表

行业	(1) 存在内部控制重大缺陷的上市公司数量	(2) 强制进行内部控制评价和审计的公司总数	(3) (1) 与 (2) 之比
农、林、牧、渔业	7	143	4.90%
采掘业	41	482	8.51%
食品、饮料	29	533	5.44%
纺织、服装、皮毛	10	235	4.26%
木材、家具	11	81	13.58%
造纸、印刷	7	141	4.96%
石油、化学、塑胶、塑料	55	980	5.61%
金属、非金属	42	917	4.58%
机械、设备、仪表	85	1913	4.44%
医药、生物制品	48	616	7.79%
其他制造业	13	41	31.71%
电力、煤气及水的生产和供应业	16	673	2.38%
建筑业	12	310	3.87%
交通运输、仓储业	27	587	4.60%
信息技术业	77	1086	7.09%
批发和零售贸易	54	889	6.07%
金融、保险业	10	534	1.87%
房地产业	32	812	3.94%
社会服务业	29	535	5.42%
传播与文化产业	15	196	7.65%
综合类	7	129	5.43%
合计	627	11833	5.30%

注：考虑行业分类详略程度的适用性，本统计按照证监会 2001 版行业分类要求整理。

数据来源：CSMAR 数据库。

四、本章小结

我们以存在“被出具否定意见或无法表示意见内部控制审计报告”“内部控制评价报告中披露存在财务报告内部控制重大缺陷”“发生财务重述”“因财务会计违规问题被监管机构处罚”等四种情形之一作为认定上市公司是否存在内部控制重大缺陷的标准，对比上市公司及审计师自主披露存在内部控制重大缺陷的情形，结果发现，我国上市公司存在未如实披露内部控制重大缺陷的情况。

考虑到相当多的公司未如实披露内部控制重大缺陷，本书的后续研究将按照本章的 4 种情形认定存在内部控制重大缺陷的公司。

第五章　内部控制重大缺陷与盈余管理程度

一、引言

财务报告内部控制是否有效，关系到财务报告的可靠性，并进一步影响财务报告使用者的决策行为。如果财务报告内部控制存在重大缺陷，即财务报告内部控制无效，企业盈余管理的可能性可能提高。本章研究存在财务报告内部控制重大缺陷的公司，盈余管理程度是否高于其他公司。

本章以《企业内部控制基本规范》及其配套指引实施后 2011—2019 年度强制披露内部控制审计报告和评价报告的 A 股上市公司为对象，将发生下列情形之一的公司认定为存在财务报告内部控制重大缺陷：财务报告内部控制被出具否定审计意见或无法表示意见、内部控制评价报告中披露存在财务报告内部控制重大缺陷、发生财务重述、被监管机构针对财务会计违规问题处罚。采用 Heckman 两阶段回归控制内生性，本章的检验结果发现，存在财务报告内部控制重大缺陷公司的盈余管理程度显著高于其他公司，进一步，这种相关性存在于盈余管理方向为增加利润的公司，对于盈余管理方向为减少利润的公司则不显著。

本章第二部分是文献回顾，第三部分是研究假设、变量定义和模型设计，第四部分是数据来源及样本选择，第五部分是描述性统计及检验结果，最后一个部分是结论。

二、文献回顾

按照COSO《内部控制——整合框架》，内部控制有3个目标，即提高企业经营的效率和效果、提高财务报告的可靠性、遵循法律法规。按照这3个目标，可以将内部控制分为经营内部控制、财务报告内部控制、合规内部控制。如果财务报告内部控制存在重大缺陷，将导致内部控制不能有效实现保证财务报告可靠性这一目标。

财务报告内部控制与财务报告质量相关性的研究主要出现在美国2002年《萨班斯－奥克斯利法案》404条款要求在美上市公司须进行财务报告内部控制审计及评价之后。Doyle等（2007）研究了应计项质量与财务报告内部控制质量的关系，发现财务报告内部控制质量越低，公司的应计质量越低；与账户或交易层面相比，公司层面的内部控制重大缺陷更容易造成应计质量降低。Chan等（2008）基于《萨班斯－奥克斯利法案》404条款，发现报告内部控制缺陷的公司具有更多的、做大利润的可操控性应计项目；404条款有助于降低管理层有意无意的计量误差，提高盈余质量。Ashbaugh Skaife等（2008）发现，披露了内部控制重大缺陷的公司，应计项目的质量更低；审计师证实了内部控制缺陷得到整改的公司，应计质量明显提高。Lobo和Zhou（2006）发现《萨班斯－奥克斯利法案》404条款实施后，可操控性应计项目更低，对损失的报告更快，表明公司的会计稳健性提高了。Donelson等（2017）研究了企业内部控制缺陷和财务舞弊的关系及其影响机制，发现内部控制重大缺陷增加了财务舞弊的可能性。Keune和Keune（2018）发现内部控制缺陷影响管理层的会计政策变更决策。

我国《企业内部控制基本规范》及其配套指引于2011年开始实施，但相关研究在此之前就已经出现。张龙平等（2010）发现内部控制鉴证提升了公司会计盈余质量。方红星和金玉娜（2011）发现，高质量内部控制能够抑制公司的会计选择盈余管理和真实活动盈余管理；披露内部控制鉴证报告的公司具有更低的盈余管理程度；获得合理保证的内部控制鉴证报告的公司的盈余管理程度更低。方红星和金玉娜（2011）、方红星和张志平（2012）发现，公司具有较高的内部控制质量时，会计稳健性增强；后续期间，相对内部控制质量没有变化的公司，内部控制质量提高的公司具有更高的会计稳健性，反之内部控制质量下降的公司则具有更低的会计稳健性。叶建芳等（2012）以2008—2010年深圳证券交易所A股主板上市公司为研究对象，检验了内部控制缺陷及其整改与盈余管理之间的关系，发现存在内部控制缺陷的企业比其他企业有更高的盈余管理程度，内部控制缺陷得到整改后，企业的盈余管理程度会降低。肖华和张国清（2013）发现，企业内部控制质量与盈余持续性正向关联，盈余持续性与公司价值也正向关联。刘启亮等（2013）发现公司的内部控制质量与会计信息质量正相关；但公司内部控制对会计信息质量的提升作用受制于公司内部高管的权力配置结构，即高管权力集中的情况下，内部控制的改善对会计信息质量并没有明显的提升作用。刘行健和刘昭（2014）发现存在内控缺陷的上市公司营业外收入与盈余管理具有显著正相关关系，不存在内控缺陷的上市公司投资收益和资产减值损失与盈余管理具有显著正相关关系。宫义飞和谢元芳（2018）研究了内部控制缺陷存在、类型及整改对盈余持续性的影响，发现内部控制缺陷对盈余持续性有减损作用，企业内部控制缺陷越严重其盈余持续性越低，企业对内部控制缺陷整改后盈余持续性可得到提升。

需要说明的是，上述我国文献的研究对象大多为我国《企业内部控制基本规范》及其配套指引正式实施前。在这段期间，除部分境内外同时上市的公司外，大多数A股上市公司内部控制建设并非按照《企业内部控制基本规范》及其配套的企业内部控制应用指引，监管要求一般是内部控制鉴证而非审计。

三、研究假设、变量定义和模型设计

（一）研究假设

我们关注的问题是，按照《企业内部控制基本规范》及其配套指引需进行内部控制审计及评价的A股上市公司如果存在内部控制重大缺陷，其盈余管理程度是否显著高于不存在内部重大缺陷的公司；如果内部控制重大缺陷与盈余管理程度存在相关性，这种相关性在增加利润的盈余管理和减少利润的盈余管理是否均存在？

按照COSO《内部控制——整合框架》和中国《企业内部控制基本规范》，内部控制的目标之一是提高财务报告的可靠性。为保证这一目标实现，企业应该建立有效的财务报告内部控制。美国《萨班斯－奥克斯利法案》404条款要求在美国上市的公司需定期披露财务报告内部控制评价报告并聘请年报审计师对财务报告内部控制情况进行年度审计，目的就是通过提高上市公司财务报告内部控制有效性达到提高财务报告可靠性的目的。当财务报告内部控制有效，即不存在重大缺陷时，财务报告可靠性这一内部控制目标得以保证；而当财务报告内部控制无效，即存在重大缺陷时，则无法保证财务报告可靠性目标的实现，财务报告可能存在盈余管理甚至财务舞弊行为。

许多文献提供了我国A股上市公司存在盈余管理的实证证据。一些文献提供了中国上市公司为了特定动机而进行增加利润的盈余管理的证据，如（1）为在IPO时取得较高的发行价（Aharony et al.，2000）；（2）为取得较高的配股价格（陈小悦等，2000）；（3）上市后避免报告亏损（白云霞等，2005；王亚平等，2005；吴联生等，2007）；（4）已经出现亏损的公司为了扭亏（魏涛等，2007）；（5）利润平滑，如高盈利公司为了避免利润下降（魏涛等，2007）；（6）高管为了薪酬目的（王克敏和王志超，2007）；（7）为了不违反债务契约（陆正飞等，2008）；（8）为了减持等目的（蔡宁和魏明海，2009），等等。另一些研究则提供了做低利润动机的盈余管理的实证证据：（1）在IPO、配股或定向增发前做高利润而导致其后利润下滑（Aharony et al.，2000）；（2）利润平滑，如盈利较好的公司为避免报告较高的利润（叶建芳等，2009）；（3）为避免连续出现亏损，或大清洗（代冰彬等，2007）；（4）管理层变更后为划清与前任管理层的界限并为未来业绩增加提供空间（代冰彬等，2007）；（5）为了加大管理层行权的概率而在出台股权激励方案前做低利润（林大庞和苏冬蔚，2011），等等。

前文述及，Doyle等（2007）、Chan等（2008）、Ashbaugh Skaife等（2008）和Donelson等（2017）发现，美国上市公司内部控制质量与财务信息质量存在正相关关系。考虑到我国A股上市公司内部控制审计及评价依据的《企业内部控制基本规范》及其配套指引与美国上市公司内部控制评价和审计依据的COSO《内部控制基本规范》类似，我们认为，以美国上市公司为研究对象所发现的内部控制质量与财务信息质量存在正相关关系的结论可能也会存在于执行《企业内部控制基本规范》及其配套指引的我国A股上市公司。由此，我们提出如下假设：

假设1：上市公司盈余管理程度与财务报告内部控制重大缺陷正相关。

如上文所述，一些上市公司出于特定目的进行增加利润的盈余管理，如为在IPO时得到较高的发行价，为了避免亏损、扭亏或避免业绩下滑，为了不违反债务契约等。这种盈余管理往往会误导企业利益相关者的决策，从而可能会被审计师出具负面的内部控制审计报告，严重时会被出具否定意见。当上市公司进行减少利润的盈余管理时，基于会计稳健性的考虑，审计师往往不会出具负面的内部控制审计意见，管理层通常也认为进行减少利润的盈余管理不意味着内部控制存在重大缺陷，监管机构通常也认为这种盈余管理的危害要小于增加利润的盈余管理从而不处罚或处罚很轻。因此，我们提出如下假设：

假设2：增加利润的盈余管理，盈余管理程度与财务报告内部控制重大缺陷显著正相关。

假设3：减少利润的盈余管理，盈余管理程度与财务报告内部控制重大缺陷相关性不显著。

（二）变量定义

1. 财务报告内部控制重大缺陷度量

《内部控制审计指引》规定，注册会计师认为财务报告内部控制存在一项或多项重大缺陷的，除非审计范围受到限制，应当对财务报告内部控制发表否定意见。即，只要财务报告内部控制存在一项重大缺陷，审计师就应该对财务报告内部控制发表否定意见。因此，当上市公司财务报告内部控制被出具否定意见时，将被认定为存在内部控制重大缺陷。

执行《企业内部控制基本规范》及其配套指引的A股上市公司，除需审计财务报告内部控制外，还需要披露年度内部控制自我评价报告。一些公司的财务报告内部控制被审计师出具了否定意见，但内部控制自我评价报告则认为公司内部控制有效，即不存在内部控制重大缺陷。考虑到可能存在财务报告内部控制审计意见与评价报告结论不一致的情形，只要其中一个认定公司存在内部控制重大缺陷，我们即认定该公司存在内部控制重大缺陷。

中国注册会计师协会发布的《内部控制审计指引》第22条给出了4个表明内部控制可能存在重大缺陷的迹象，包括：（1）注册会计师发现董事、监事和高级管理人员舞弊；（2）企业更正已经公布的财务报表；（3）注册会计师发现当期财务报表存在重大错报，而内部控制在运行过程中未能发现该错报；（4）企业审计委员会和内部审计机构对内部控制的监督无效。由于第（1）（3）（4）难以观测到，但存在（2）的公司通常被认定为存在内部控制重大缺陷，原因是财务报告内部控制未能防止重大错报。所以，我们将发生重大会计差错更正，即财务重述公司的重述年度视为存在财务报告内部控制重大缺陷。

最后，我们视因财务会计问题被证监会处罚、立案调查及被上交所或深交所纪律处分的公司财务会计问题涉及年度存在财务报告内控重大缺陷。这些会计问题涉及财务舞弊、影响较大的会计处理方法，但往往未被公司披露或未被审计师及时发现。

综上所述，我们将存在下列情形之一者认定为存在财务报告内部控制重大缺陷：（1）被出具否定意见或无法表示意见内部控制审计报告；（2）内部控制评价报告中披露存在财务报告内部控制重大缺陷；（3）已公布的财务报表因存在重大会计差错而被更正，即发生财务重述；（4）因财务会计问题违规被监管机构处罚。

2. 盈余管理的度量

我们用可操控性应计利润来度量盈余管理，采用修正后的琼斯模型，利用截面数据来估计可操控性应计利润。之所以未采用时间序列模型，是考虑到：第一，用年度数据采用时间序列模型来回归，部分样本的年度数据太少，回归结果的t检验可能不满足大样本条件；第二，在研究的样本期间，企业所处的经济环境发生了较大变化，采用截面回归时，回归系数可以随时间而变化，从而可以控制经济环境中行业环境的变化；第三，时间序列模型内在地假设样本公司在估计期没有系统性的盈余管理，而中国股票市场中上市公司存在较为普遍性的盈余管理。

对每一个样本，选定同一行业、同一年度的公司按照如下基本琼斯模型回归：

$$TA_{it}/A_{it-1} = a(1/A_{it-1}) + b_1(\Delta REV_{it}/A_{it-1}) + b_2(PPE_{it}/A_{it-1}) + e_{it} \quad \text{（公式 1）}$$

得到回归系数后代入如下修正后的琼斯模型，计算正常应计利润、可操控性应计利润。修正后的琼斯模型如下：

$$\begin{aligned} TA_{it}/A_{it-1} = {} & a(1/A_{it-1}) + b_1(\Delta REV_{it}/A_{it-1} - \Delta REC_{it}/A_{it-1}) \\ & + b_2(PPE_{it}/A_{it-1}) + e_{it} \end{aligned} \quad \text{（公式 2）}$$

其中：

TA_{it}：代表 i 公司 t 年的应计利润总额，计算公式为：

应计利润 = 营业利润 + 财务费用 − 投资收益 − 公允价值变动净损益 − 经营活动现金净流量

A_{it-1}：代表 i 公司第 $t-1$ 年的总资产值；

ΔREV_{it}：代表 t 年 i 公司主营业务收入变动值；

ΔREC_{it}：代表 t 年 i 公司应收账款变动值；

PPE_{it}：代表 t 年 i 公司固定资产原值。

e_{it}：回归的残差项。

用公式 1 的回归系数代入公式 2，得到可操控性应计利润为

$$\begin{aligned} DAC_{it} = {} & TA_{it}/A_{it-1} - a(1/A_{it-1}) - b_1(\Delta REV_{it}/A_{it-1} - \Delta REC_{it}/A_{it-1}) \\ & - b_2(PPE_{it}/A_{it-1}) \end{aligned} \quad \text{（公式 3）}$$

其中，DAC_{it} 为公司 i 在 t 年的可操控性应计利润。

在检验假设 1 时，盈余管理程度采用的是 DAC_{it} 绝对值；在检验假设

2 时，分别对 $DAC_{it}>0$ 和 $DAC_{it}<0$ 进行回归。

（三）模型设计

为了检验假设 1，我们以可操控利润应计项的绝对值为被解释变量，建立如下模型：

$$\begin{aligned}|DAC| = {} & \beta_0 + \beta_1 ICMW + \beta_2 Growth + \beta_3 CFO + \beta_4 Growth + \beta_5 ROA \\ & + \beta_6 LEV + \beta_7 Size + \beta_8 Loss + \beta_9 Big4 + \beta_{10} Ctrlpct + \beta_{11} ControlType \\ & + \beta_{12} Pre\_RO + \beta_{13} RO + \beta_{14} Pre\_SO + \beta_{15} SO \\ & + \sum Industry + \sum Year \qquad (1)\end{aligned}$$

模型（1）中，$|DAC|$是被解释变量，度量盈余管理程度。*ICMW* 是解释变量，当公司被出具否定意见或无法表示意见内部控制审计报告、内部控制评价报告中披露存在财务报告内部控制重大缺陷、发生财务重述、或因财务会计违规问题被监管机处罚时，*ICMW* 值取 1，否则取 0。其他变量为控制变量，具体含义见表 5－1。我们预计 *ICMW* 的系数显著为正，即盈余管理程度与财务报告内部控制重大缺陷正相关。

为了检验假设 2，我们以可操控利润应计项绝对值为被解释变量，对可操控利润应计项大于 0 的样本进行回归。为了检验假设 3，我们以可操控利润应计项绝对值为被解释变量，对可操控利润应计项小于 0 的样本进行回归。

我们预计，当对 $DAC>0$ 的样本回归时，*ICMW* 的系数显著为正，即盈余管理程度与财务报告内部控制重大缺陷正相关；而当对 $DAC<0$ 的样本进行回归时，*ICMW* 的系数不显著。

为了控制与内部控制体系相联系的样本选择偏误或内生性，我们采取了 Heckman 两阶段回归方法。参考 Doyle 等（2007）的方法，在第一阶段回归中，采用模型（2）估计公司存在财务报告内部控制重大缺陷并披露的可能性：

$$
\begin{aligned}
ProbitICMW = & \beta_0 + \beta_1 Size + \beta_2 Growth + \beta_3 LEV + \beta_4 ARPct \\
& + \beta_5 InventoryPct + \beta_6 BM + \beta_7 SGrowth \\
& + \beta_8 LnAge + \beta_9 ControlType \\
& + \sum Industry + \sum Year \qquad (2)
\end{aligned}
$$

在求出逆米尔斯比率（Mills）后，将其代入模型（1）作为控制变量。

参考一些文献，模型（1）中包含了一些控制变量。

模型中变量的含义具体如表5-1所示。

表5-1　变量含义

变量符号	变量含义
DAC	可操控性应计利润。
|DAC|	可操控性应计利润的绝对值。
ICMW	解释变量。存在下列情形之一者取1：（1）被出具否定意见或无法表示意见内部控制审计报告；（2）内部控制评价报告中披露存在财务报告内部控制重大缺陷；（3）已公布的财务报表因存在重大会计差错而被更正，即发生财务重述；（4）因财务会计违规问题被监管机构处罚。否则取0。
Growth	当年销售增长率。成长性越高的公司越有可能进行盈余管理（白云霞和吴联生，2008）。
CFO	当期经营活动现金净流量与上期末总资产之比。经营活动现金净流量较多（少）的公司，更倾向于少（多）报利润。
ROA	上期总资产净利率。盈利能力越强的公司越有可能进行盈余管理（白云霞和吴联生，2008）。
LEV	上期末资产负债率。负债率越高越可能违约，因此越有动机进行盈余管理（白云霞和吴联生，2008）。

续表

变量符号	变量含义
Size	上期末总资产自然对数。公司规模越大进行盈余管理的动机越小。
Loss	哑变量。当年度归属于母公司股东净利润亏损为1，否则为0。
Big4	哑变量。年报审计师为“四大”会计师事务所时为1，否则为0。
CtrlPct	当期最终控制人的持股比例。该指标越高，最终控制人越有动力使公司进行盈余管理以获取更多收益。
ControlType	哑变量。最终控制权属国有为1，否则为0。与非国有控股公司相比，国有控股公司盈余管理动机较弱。
Pre_RO	年度哑变量，配股前三年为1，否则为0。配股前三年可能存在提高利润的盈余管理（陈小悦等，2000；陆正飞和魏涛，2006；杨旭东和莫小鹏，2006）。
RO	年度哑变量，配股当年为1，否则为0。配股前三年可能存在的提高利润的盈余管理在配股实施后转回，从而可能出现降低利润的盈余管理（陆正飞和魏涛，2006）。
Pre_SO	年度哑变量，定向增发前一年为1，否则为0。定向增发预案公告前可能存在盈余管理，以影响定向增发价格（李增福等，2011；章卫东，2010）。
SO	年度哑变量，定向增发当年为1，否则为0。定向增发预案公告前可能存在的盈余管理在定向增发完成后转回（李增福等，2011；章卫东，2010）。
ARPct	期末应收账款和应收票据合计占总资产百分比。
InventoryPct	期末存货占总资产百分比。
BM	所有者权益账面值除以股票市值。
SGrowth	过去3年的平均销售增长率。
LnAge	公司上市年份到样本期的年数合计取自然对数。
Industry	行业哑变量。行业分类按照证监会2001年《上市公司行业分类指引》。因制造业公司较多，制造业取前两位代码，其他行业取首位代码。
Year	年度哑变量。

四、数据来源及样本选择

（一）数据来源

我们研究中所用的上市公司数据来自 CSMAR 数据库。其中，财务数据来自财务报表数据库，财务报告内部控制与审计数据来自内部控制数据库，财务违规和财务重述数据来自审计研究数据库，股票收益率、市场收益率数据来自股票市场交易数据库，ROA、托宾 Q 等数据来自财务指标分析数据库，数据起止时间为 2010—2019 年。

（二）样本选择

根据财政部、证监会、审计署、银监会、保监会《关于印发企业内部控制配套指引的通知》（2010 年 4 月 15 日，财会〔2010〕11 号）的规定，《企业内部控制基本规范》及其配套指引自 2011 年 1 月 1 日起在境内外同时上市的公司施行，自 2012 年 1 月 1 日起在上海证券交易所、深圳证券交易所主板上市公司施行；在此基础上，择机在中小板和创业板上市公司施行。

按照财政部、证监会发布的《关于 2012 年主板上市公司分类分批实施企业内部规范体系的通知》（2012 年 8 月 14 日，财办会〔2012〕30 号）的规定，（1）中央和地方国有控股上市公司应于 2012 年全面实施企业内部控制规范体系，并在披露 2012 年公司年报的同时，披露董事会对公司内部控制的自我评价报告以及注册会计师出具的财务报告内部控制审计报告；（2）非国有控股主板上市公司，且于 2011 年 12 月 31 日公司总市值（证监会算法）在50亿元以上，同时2009年至2011年平均净利润在3000万元以上的，应在披露2013年公司年报的同时，披露董事会对公司内部控制的自我评价报告以及注册会计师出具的财务报告内部控制审计报告；（3）其他主板上市公司，应在披露2014年公司年报的同时，披露董事会对公司内部控制的自我评价报告以及注册会计师出具的财务报告内部控制审计报告。

此外，按照上海证券交易所、深圳证券交易所的规定，新上市的公司应当在上市的下一年度年报披露的同时，披露内控评价报告和内控审计报告。

按照我们定义的财务报告内部控制重大缺陷度量方式，得到2011—2019年度财务报告内部控制重大缺陷样本，如表5－2所示。

表5－2　　财务报告内部控制重大缺陷样本

年份	内控审计否定或无法表示意见	内控自我评价无效	发生财务重述	因财务违规被监管机构处罚	财务报告内部控制存在重大缺陷
2011	1	1	0	4	5
2012	2	1	0	44	44
2013	10	5	1	43	50
2014	22	19	2	58	75
2015	14	9	4	68	79
2016	22	16	10	78	95
2017	35	29	12	65	96
2018	52	48	6	57	96
2019	70	60	0	29	87
合计	228	188	35	446	627

注：按照两种或以上情形被认定存在内部控制重大缺陷的公司在汇总时只计算一次。

因在分行业、分年度回归可操控性应计项目时导致部分样本缺失，最终样本如表 5－3 所示。

表 5－3　　去掉缺失值后的财务报告内部控制重大缺陷样本

年份	内控审计否定或无法表示意见	内控自我评价无效	发生财务重述	因财务违规被监管机构处罚	财务报告内部控制存在重大缺陷
2011	1	1	0	3	4
2012	2	1	0	40	40
2013	9	4	1	40	46
2014	18	15	2	51	67
2015	11	6	4	57	65
2016	22	16	10	67	84
2017	32	26	11	56	84
2018	43	39	5	47	78
2019	56	47	0	25	72
合计	194	155	33	386	540

注：按照两种或以上情形被认定存在内部控制重大缺陷的公司在汇总时只计算一次。

研究中剔除了当年新上市的公司以消除由于上市融资、公司规模和股本结构发生较大变化而对财务指标产生的影响；同时剔除了金融、保险行业公司以及股价数据缺失的公司。行业分类依据为证监会 2001 年发布的《上市公司行业分类指引》。考虑到回归可操控性应计利润对样本量的要求，除制造业以行业次类（前两位代码）为准以外，其余以行业大类（一位代码）为准。为了避免极端值的影响，在估计可操控性应计利润，以及在对模型进行回归时，对连续变量按年度进行了 Winsorize 处理，将小于 1% 和大于 1% 的数据用 1% 和 99% 分位数代替。

五、描述性统计及检验结果

（一）描述性统计

表5-4是研究中用到的变量的描述性统计，表5-5给出了内部控制无效组与有效组比较的检验结果。

表5-4　　　　描述性统计

变量	样本量	均值	标准差	最小值	25分位数	50分位数	75分位数	最大值
|DAC|	9412	0.052	0.052	0.000	0.016	0.037	0.071	0.417
DAC	9412	0.009	0.073	-0.379	-0.028	0.006	0.046	0.417
ICMW	9412	0.057	0.233	0	0	0	0	1
Growth	9409	14.931	1387.862	-1.000	-0.063	0.059	0.201	134607.100
CFO	9412	0.043	0.847	-71.611	0.003	0.045	0.091	35.129
ROA	9412	0.038	0.346	-1.315	0.007	0.025	0.052	21.668
LEV	9412	0.536	0.729	-0.195	0.369	0.527	0.676	63.971
Size	9412	22.671	1.481	16.161	21.743	22.590	23.567	28.520
SGrowth	9412	16.184	804.295	-1.000	0.004	0.105	0.239	44869.010
LnAge	9412	2.792	0.340	1.609	2.639	2.890	3.045	3.367
InventoryPct	9412	0.165	0.174	0.000	0.047	0.113	0.207	0.940
ArPct	9412	0.114	0.116	0.000	0.024	0.076	0.170	0.813
BM	9042	0.561	0.427	0.001	0.278	0.464	0.741	6.600
Loss	9412	0.123	0.328	0	0	0	0	1
Big4	9412	0.097	0.297	0	0	0	0	1
CtrlPct	9412	0.342	0.191	0.000	0.226	0.347	0.481	0.927
ControlType	9412	0.617	0.486	0	0	1	1	1
Pre_RO	9412	0.008	0.090	0	0	0	0	1
RO	9412	0.004	0.063	0	0	0	0	1
Pre_SO	9412	0.110	0.313	0	0	0	0	1
SO	9412	0.103	0.304	0	0	0	0	1

表 5-5　　内部控制无效组与有效组的均值和中值检验

变量	ICMW = 0			ICMW = 1			均值差	中值差
	数量	均值	中值	数量	均值	中值	t 检验	Chi 检验
|DAC|	8872	0.051	0.036	540	0.072	0.051	-0.021 ***	25.531 ***
DAC	8872	0.009	0.007	540	0.002	0.004	0.008 **	0.637
Growth	8869	15.745	0.062	540	1.559	-0.002	14.185	23.747 ***
CFO	8872	0.044	0.047	540	0.033	0.018	0.011	59.479 ***
ROA	8872	0.042	0.025	540	-0.018	0.009	0.060 ***	69.436 ***
LEV	8872	0.534	0.526	540	0.566	0.546	-0.032	1.328
Size	8872	22.694	22.600	540	22.289	22.360	0.405 ***	15.214 ***
SGrowth	8872	11.973	0.105	540	85.362	0.114	-73.389 **	0.00800
LnAge	8872	2.788	2.890	540	2.842	2.890	-0.053 ***	7.218 ***
InventoryPct	8872	0.166	0.114	540	0.147	0.093	0.019 **	11.347 ***
ArPct	8872	0.114	0.076	540	0.109	0.076	0.005	0.0710
BM	8548	0.565	0.469	494	0.489	0.374	0.076 ***	20.565 ***
Loss	8872	0.110	0	540	0.337	0	-0.227 ***	243.577 ***
Big4	8872	0.100	0	540	0.048	0	0.052 ***	15.821 ***
CtrlPct	8872	0.345	0.351	540	0.282	0.278	0.063 ***	57.965 ***
ControlType	8872	0.629	1	540	0.424	0	0.205 ***	
Pre_RO	8872	0.008	0	540	0.006	0	0.003	0.487
RO	8872	0.004	0	540	0.000	0	0.004	2.322
Pre_SO	8872	0.112	0	540	0.070	0	0.042 ***	9.177 ***
SO	8872	0.104	0	540	0.087	0	0.017	1.533

注：***、**、* 分别表示在 1%、5%、10% 的水平下显著。

（二）回归结果

利用我国上市公司 2000—2011 年的数据对模型（1）进行回归，其结果如表 5-6 所示。

表 5 -6　　　　　　　　模型（1）回归结果

变量	|DAC|	|DAC|
ICMW	0.010***	0.011***
	(3.38)	(3.54)
Mills		0.019***
		(3.62)
Growth	0.009***	0.008***
	(6.97)	(6.24)
CFO	-0.074***	-0.077***
	(-4.96)	(-4.99)
ROA	-0.092***	-0.066**
	(-3.98)	(-2.41)
LEV	0.011***	0.024***
	(3.06)	(4.51)
Size	-0.004***	-0.006***
	(-7.44)	(-8.13)
Loss	-0.002	0.001
	(-0.91)	(0.44)
Big4	-0.001	-0.001
	(-0.48)	(-0.60)
CtrlPct	0.011***	0.011***
	(2.77)	(2.71)
ControlType	-0.004***	-0.010***
	(-2.66)	(-4.79)
Pre_RO	0.004	0.004
	(0.87)	(0.85)
RO	0.013*	0.012
	(1.81)	(1.60)
Pre_SO	0.003**	0.003*
	(1.98)	(1.72)
SO	0.008***	0.006***
	(4.02)	(3.18)

续表

变量	|DAC|	|DAC|
Constant	0.172***	0.181***
	(12.38)	(12.54)
Year	控制	控制
Industry	控制	控制
Observations	9409	9041
Adjusted R - squared	0.141	0.136
F test	0	0
F	19.91	18.49

注：***、**、*分别表示在1%、5%、10%的水平下显著。

表5-6中，在模型（1）中无论是否用逆米尔斯比率（Mills）控制，ICMW都显著为正。这表明，存在财务报告内部控制重大缺陷的公司盈余管理程度显著高于其他公司。逆米尔斯比率显著为正，表明财务报告内部控制重大缺陷与盈余管理确实可能存在一定的内生性。但在控制逆米尔斯比率后，ICMW仍显著为正表明假设1是成立的。

控制变量中，销售增长率（Growth）、经营活动现金净流量（CFO）、总资产净利率（ROA）、资产负债率（LEV）、公司规模（Size）、最终控制人的比例（CtrlPct）、最终控制权是否国有（StateCtrl）、是否为定向增发预案公告前年度（PreSO）、是否为定向增发实施当年（SO）的回归系数都显著异于0，且与表5-1中所列的预期方向一致。是否为配股前三年（PreRO）的回归系数不显著，是否为配股当年（RO）在用逆米尔斯比率（Mills）控制前仅在1%水平上显著、而用逆米尔斯比率（Mills）控制后则不显著，可能与样本期间实施配股的公司在再融资公司中所占比例越来越小有关系。

表5-7中，对DAC>0的样本回归时，无论是否控制逆米尔斯比率（Mills），ICMW都显著为正。这表明，对增加利润的盈余管理样本而言，盈余管理程度与财务报告内部控制重大缺陷显著正相关，即假设2得以

验证。对 DAC <0 的样本回归时，无论是否控制逆米尔斯比率（Mills），ICMW 都不显著。这表明，对减少利润的盈余管理样本而言，盈余管理程度与财务报告内部控制重大缺陷相关性不显著，即假设 3 得以验证。

表 5-7　模型（1）回归结果（对 DAC >0 和 DAC <0 的样本分别回归）

变量	|DAC|(DAC >0)	|DAC|(DAC >0)	|DAC|(DAC <0)	|DAC|(DAC <0)
ICMW	0.010***	0.009***	0.004	0.003
	(2.89)	(2.66)	(1.14)	(0.83)
Mills		0.008		0.002
		(1.39)		(0.28)
Growth	0.009***	0.008***	0.002	0.002
	(4.69)	(4.37)	(1.46)	(1.38)
CFO	-0.440***	-0.447***	0.417***	0.430***
	(-20.25)	(-20.06)	(24.39)	(23.95)
ROA	0.418***	0.463***	-0.312***	-0.347***
	(9.53)	(10.77)	(-14.42)	(-11.50)
LEV	0.003	0.010	0.013***	0.014*
	(0.73)	(1.52)	(2.81)	(1.86)
Size	-0.003***	-0.003***	-0.004***	-0.005***
	(-3.63)	(-3.58)	(-7.59)	(-5.18)
Loss	0.005	0.008**	0.009***	0.007**
	(1.43)	(2.40)	(3.60)	(2.33)
Big4	0.000	-0.000	-0.001	-0.000
	(0.17)	(-0.04)	(-0.37)	(-0.03)
CtrlPct	0.019***	0.018***	-0.008**	-0.005
	(4.40)	(4.15)	(-2.07)	(-1.35)
ControlType	-0.003**	-0.006**	-0.000	-0.001
	(-1.99)	(-2.27)	(-0.10)	(-0.36)
Pre_RO	0.004	0.004	-0.009**	-0.009*
	(0.88)	(0.82)	(-1.97)	(-1.94)

续表

变量	|DAC|(DAC>0)	|DAC|(DAC>0)	|DAC|(DAC<0)	|DAC|(DAC<0)
RO	0.011 *	0.010	0.007	0.007
	(1.69)	(1.53)	(0.51)	(0.48)
Pre_SO	0.007 ***	0.007 ***	-0.002	-0.002
	(3.65)	(3.38)	(-1.10)	(-1.14)
SO	0.013 ***	0.012 ***	-0.004 *	-0.004 **
	(6.74)	(6.21)	(-1.92)	(-2.02)
Constant	0.141 ***	0.172 ***	0.109 ***	0.102 ***
	(8.31)	(5.45)	(5.42)	(4.26)
Year	控制	控制	控制	控制
Industry	控制	控制	控制	控制
Observations	5189	5025	4220	4016
Adjusted R-squared	0.457	0.461	0.486	0.481
F test	0	0	0	0
F	32.81	32.03	30.27	27.84

注：***、**、*分别表示在1%、5%、10%的水平下显著。

表5-7的回归结果也表明，盈余管理程度与财务报告内部重大缺陷的相关性主要是增加利润的盈余管理行为所导致的。

（三）稳健性检验

一些上市公司采用减值准备计提或转回进行盈余管理。由于利润表中的资产减值损失包括了与投资活动相关的资产负债表项目的减值损失或转回，如存货的减值损失或转回、固定资产、在建工程、无形资产、商誉等的减值损失，而前文计算应计利润时未从营业利润中加回资产减值损失，因此，我们进一步采用下列公式计算应计利润：

应计利润=营业利润+财务费用-投资收益-公允价值变动净损益+资产减值损失-经营活动现金净流量

然后，按照公式（1）、公式（2）、公式（3）的方法得到可操控性应计利润，其中，模型（1）的回归结果分别如表5-8、表5-9所示。

表5-8　　模型（1）回归结果

变量	|DAC|	|DAC|
ICMW	0.006**	0.007***
	(2.55)	(2.71)
Mills		0.013***
		(2.69)
Growth	0.008***	0.007***
	(6.50)	(5.79)
CFO	-0.144***	-0.147***
	(-10.56)	(-10.66)
ROA	0.075***	0.097***
	(6.61)	(7.14)
LEV	0.013***	0.024***
	(3.98)	(4.57)
Size	-0.004***	-0.005***
	(-7.45)	(-7.29)
Loss	-0.000	0.002
	(-0.20)	(1.18)
Big4	-0.003	-0.003
	(-1.44)	(-1.56)
CtrlPct	0.014***	0.013***
	(3.83)	(3.59)
ControlType	-0.004***	-0.008***
	(-2.76)	(-4.05)
Pre_RO	0.006	0.006
	(1.41)	(1.35)
RO	0.011*	0.010*
	(1.87)	(1.65)

续表

变量	|DAC|	|DAC|
Pre_SO	0.003**	0.003*
	(2.01)	(1.83)
SO	0.008***	0.006***
	(4.27)	(3.47)
Constant	0.165***	0.172***
	(12.60)	(12.28)
Year	控制	控制
Industry	控制	控制
Observations	9428	9046
Adjusted R – squared	0.177	0.182
F test	0	0
F	23.51	22.11

注：***、**、*分别表示在1%、5%、10%的水平下显著。

表5-9　模型（1）回归结果（对DAC>0和DAC<0的样本分别回归）

变量	|DAC|(DAC>0)	|DAC|(DAC>0)	|DAC|(DAC<0)	|DAC|(DAC<0)
ICMW	0.010***	0.009***	-0.002	-0.001
	(3.18)	(3.09)	(-0.55)	(-0.43)
Mills		0.013**		0.003
		(2.06)		(0.46)
Growth	0.010***	0.009***	-0.001	-0.001
	(5.68)	(4.92)	(-0.78)	(-0.72)
CFO	-0.387***	-0.394***	0.354***	0.364***
	(-20.29)	(-20.34)	(22.22)	(21.71)
ROA	0.164***	0.198***	-0.084***	-0.112***
	(7.92)	(7.68)	(-5.44)	(-5.37)
LEV	-0.006	0.004	0.019***	0.019***
	(-1.31)	(0.60)	(4.84)	(2.69)

续表

变量	|DAC|(DAC>0)	|DAC|(DAC>0)	|DAC|(DAC<0)	|DAC|(DAC<0)
Size	-0.002***	-0.003***	-0.004***	-0.004***
	(-2.85)	(-3.56)	(-7.66)	(-4.53)
Loss	-0.005**	-0.001	0.010***	0.009***
	(-2.02)	(-0.51)	(4.47)	(3.29)
Big4	-0.001	-0.001	-0.003	-0.003
	(-0.25)	(-0.43)	(-1.55)	(-1.59)
CtrlPct	0.022***	0.020***	-0.005	-0.004
	(5.08)	(4.76)	(-1.26)	(-1.12)
ControlType	-0.006***	-0.010***	-0.000	-0.001
	(-3.31)	(-3.90)	(-0.07)	(-0.31)
Pre_RO	0.006	0.006	-0.008	-0.008
	(1.33)	(1.31)	(-1.43)	(-1.36)
RO	0.010	0.008	0.001	0.001
	(1.47)	(1.24)	(0.13)	(0.08)
Pre_SO	0.006***	0.006***	-0.002	-0.002
	(3.28)	(3.29)	(-1.04)	(-0.81)
SO	0.010***	0.009***	-0.005***	-0.006***
	(5.49)	(4.78)	(-2.61)	(-2.86)
Constant	0.192***	0.139***	0.114***	0.164***
	(7.93)	(8.16)	(4.45)	(4.13)
Year	控制	控制	控制	控制
Industry	控制	控制	控制	控制
Observations	5957	5750	3471	3296
Adjusted R-squared	0.405	0.412	0.400	0.412
F test	0	0	0	0
F	32.38	31.75	20.40	19.27

注：***、**、*分别表示在1%、5%、10%的水平下显著。

比较表5-8和表5-6，表5-9和表5-7，解释变量ICMW和主要控制变量的符号和显著性没有差异，因此假设1、假设2和假设3仍然得到支持。

六、本章小结

本章以《企业内部控制基本规范》及其配套指引实施后 2011—2019 年度强制披露内部控制审计报告和评价报告的 A 股上市公司为对象，将被出具否定意见或无法表示意见内部控制审计报告、内部控制评价报告中披露存在财务报告内部控制重大缺陷、发生财务重述、或因财务违规被监管机构处罚认定为存在财务报告内部控制重大缺陷，采用 Heckman 两阶段回归控制内生性，研究了财务报告内部控制重大缺陷与盈余管理程度的相关性。结果表明，存在财务报告内部控制重大缺陷的公司，盈余管理程度显著高于其他公司。进一步来说，这种差异主要体现在盈余管理方向为增加利润的样本公司，当盈余管理方向为降低利润时，盈余管理程度与财务报告内部控制重大缺陷的相关性不显著。

由于一些上市公司未真实披露其财务报告内部控制发生的重大缺陷，因此，我们将财务重述或因财务违规被监管机构处罚涉及年度均认定为存在财务报告内部控制重大缺陷，在此基础上检验了财务报告内部控制重大缺陷与盈余管理程度的相关性。我们的研究表明，在评价上市公司财务报告内部控制有效性时，不应仅仅依赖当年度披露的内部控制审计报告和评价报告，后续年度发生的财务重述、因财务违规被监管机构处罚等情形也应该一并纳入考虑范围。

第六章　内部控制重大缺陷与会计稳健性

一、引言

财务报告内部控制是否有效，关系到财务报告的可靠性，并进一步影响财务报告使用者的决策行为。如果财务报告内部控制存在重大缺陷，即财务报告内部控制无效，可能会降低会计稳健性。本章研究存在财务报告内部控制重大缺陷的公司其会计稳健性是否低于其他公司。

本章以《企业内部控制基本规范》及其配套指引实施后，即2011—2019年度强制披露内部控制审计报告和评价报告的A股上市公司为对象，将发生下列情形之一的公司认定为存在财务报告内部控制重大缺陷：财务报告内部控制被出具否定审计意见或无法表示意见、内部控制评价报告披露存在财务报告内部控制重大缺陷、发生财务重述、被监管机构针对财务会计违规问题处罚。采用Heckman两阶段回归法控制内生性，本章的检验结果发现，存在财务报告内部控制重大缺陷公司的会计稳健性显著低于其他公司。

本章第二部分是文献回顾，第三部分是研究假设、变量定义和模型设计，第四部分是数据来源及样本选择，第五部分是描述性统计及检验结果，最后一部分是结论。

二、文献回顾

我们首先回顾近几年关于会计稳健性的研究，然后关注内部控制与会计稳健性关系的相关研究。

1. 会计稳健性

稳健性是会计信息的重要特征，自 Basu（1997）之后，已有许多研究从多个角度研究会计稳健性，包括公司治理（陈小林等，2016；梁上坤等，2018；梅丹和高强，2016；孙光国和赵健宇，2014；王文姣等，2020；王晓亮等，2019；张兆国等，2011；郑登津和闫天一，2016；朱茶芬和李志文，2008）、债务契约（程六兵和刘峰，2013；刘运国等，2010；赵刚等，2014；甄红线等，2019）、融资约束和投资效率（李争光等，2016；祁怀锦和刘艳霞，2018；钱明等，2016；张金鑫和王逸，2013；张悦玫等，2017；张悦玫和张芳，2019）、外部不确定性（李伟，2015；吴锡皓和胡国柳，2015；祝继高，2011）等。

关于稳健性的度量，Basu（1997）认为会计稳健性体现在会计盈余对于“坏消息”的反应比“好消息”更灵敏，提出了盈余与股票回报反向回归模型。Watts 和 Ross（2003）将稳健性研究归纳为三种计量方法，即反向回归法、应计基础计量法、净资产基础计量法。Ball 和 Shivakumar（2005）指出了 Basu（1997）反向回归模型的一些缺陷，例如将内生变量（股票报酬率）作为自变量使得结果难以解释，无法将暂时性收益或损失与应计中的随机误差分离开来，非上市公司没有股票价格从而无法使用等。Givoly 等（2007）指出，稳健性计量是一种及时性差异计量，一些企业信息环境特征，比如披露政策、回报计量期间发生的事件等，可能影响及时性差异计量，应该作为控制变量予以考虑。Ball 和 Shivakumar

(2005)认为及时确认损失是通过会计应计实现的，据此提出了应计—现金流模型和资产收益率模型。Khan 和 Watts（2009）提出了能够只针对一家公司来测度的 C - Score 模型，引入了市净率、杠杆比率和总资产等变量。

2. 关于内部控制与会计稳健性的关系

Goh 和 Li（2011）利用按照《萨班斯 - 奥克斯利法案》披露内部控制重大缺陷的样本为研究对象，发现内部控制质量与会计稳健性正相关，内部控制重大缺陷降低了会计稳健性。Lobo 和 Zhou（2006）研究了《萨班斯 - 奥克斯利法案》404 条款对会计稳健性的影响，发现《萨班斯 - 奥克斯利法案》404 条款实施后，可操控性应计项目更低，对损失的报告更快，表明公司的会计稳健性提高了。方红星和张志平（2012）将出现以下情况之一的公司认定为内部控制质量较低：注册会计师对财务报表发表非标意见、利润为负、发生财务重述、违规受到处罚、内控自我评价或外部审计报告认为存在内控重大缺陷或重要缺陷，采用 Ball 和 Shivakumar（2005）应计—现金流模型检验了内部控制质量与会计稳健性的关系，发现内部控制质量提高的公司具有更高的会计稳健性；反之，内部控制质量下降的公司则具有更低的会计稳健性。徐虹等（2013）以 2009 年和 2010 年沪深 A 股上市公司为样本研究了内部控制有效性、会计稳健性对企业商业信用模式的影响，发现企业内部控制有效性越高，会计稳健性程度越高。王文姣等（2020）以 2007—2018 年我国沪深 A 股上市公司为样本，考察了客户和审计师不匹配关系对公司会计稳健性的影响，发现向上不匹配有助于提升公司会计稳健性，而向下不匹配则会降低公司会计稳健性，但在内部控制质量较高的公司，向上不匹配对会计稳健性的正向影响被削弱；向下不匹配对会计稳健性的负向影响得到缓解，说明高质量内部控制对缓解客户与审计师向下不匹配时对会计稳健性的负向影响具有积极作用。

需要说明的是，上述文献的研究对象大多发生在我国《企业内部控制基本规范》及其配套指引正式实施前。在这段期间，除部分境内外同时上市的公司外，大多数A股上市公司内部控制建设并非按照《企业内部控制基本规范》及其配套的企业内部控制应用指引执行，监管要求一般是审计师对内部控制鉴证而非审计。

三、研究假设、变量定义和模型设计

（一）研究假设

本章关注的问题是，按照《企业内部控制基本规范》及其配套指引需进行内部控制审计及评价的A股上市公司如果存在内部控制重大缺陷，其会计稳健性是否不同于不存在内部控制重大缺陷即内部控制有效的公司。

稳健性是会计的一项重要特征，它要求及时确认损失、费用和负债，而确认收入和资产时则需要满足所有条件。会计稳健对债权人和投资者而言可能更好。

会计稳健性产生的动机之一是存在债务契约。会计稳健性可以降低对资产、收入和利润的高估程度，限制利润分配，在很大程度上起到保护债权人的作用。会计稳健性产生的另一动机是诉讼风险。高估资产和利润更容易面临诉讼的风险，而会计稳健性则可有效地降低诉讼风险。从股东与管理层的契约看，也存在对会计稳健性的要求。管理层为了避免公司突然陷入财务困境甚至破产而可能遭受来自股东和监管机构的惩罚，会更早、更及时地披露坏消息。

按照COSO《内部控制——整合框架》和中国《企业内部控制基本

规范》，内部控制的组成部分包括控制环境、风险评估、控制活动、信息和沟通、监督等五个要素，其中，控制环境包括董事会和审计委员会、经营理念和经营风格、管理层授权和职责分工等要素。如果内部控制有效，则公司应该建立了符合内控要求及法律、法规要求的董事会及专业委员会、监事会，董事会及各专门委员会及其他治理机构职责权限、任职资格和议事规划明确，公司的董事会、监事会能够对管理层进行有效的制衡，最大限度保证管理层按照与股东的契约管理、运营公司；能够监督管理层进行有效的风险评估，将诉讼风险的可能性降至最低程度；能够监督管理层履行与债权人签署的融资协议，将债务违约风险降至最低程度。如果内部控制存在重大缺陷，则意味着管理层可能为了满足股东和董事会的业绩考核目标以最大化自身利益而采取导致会计稳健性降低的、不谨慎的收入和资产确认方法，这将导致股利分配可能高于实际应有的水平，不利于保护债权人利益从而可能导致违约和诉讼风险。

现行会计准则中的一些处理方法本身就带有对稳健性的考虑。我国《企业会计准则——基本准则》明确规定，企业对交易或者事项进行会计确认、计量和报告时保持应有的谨慎，不应高估资产或者收益、低估负债或者费用。《企业会计会计准则第 8 号——资产减值》规定，当资产的可收回金额低于其账面价值时，应该计提资产减值准备，且长期股权投资、采用成本模式进行后续计量的投资性房地产、固定资产、生产性生物资产、无形资产、商誉等一旦计提减值，以后期间不得转回。存货、金融资产等资产也需按照相关准则计提资产减值准备。如果内部控制有效，则公司的财务报告可靠性目标能够得以保证，会计稳健性也得以体现。如果公司的财务报告可靠性目标能够得以保证，则股东与管理层之间的契约将能得以恰当地评估。如果内部控制存在重大缺陷，就财务报告可靠性目标而言，除通过计提大额资产减值进行财务清洗以造成利润大幅度下降或巨额亏损从而避免连续亏损外，通常表现为增加利润的盈余管理甚至操纵利润，导致会计稳健性降低。由于我国存在 ST 制度、退市制度且再融资通常与业绩相联系，在一个较长的时期内，降低利润的盈余管理的时间通常少于增加利润的盈余管理的时间，因此，内部控制重大缺陷总体上看将导致会计稳健性降低。

综上所述，我们认为内部控制有效可以带来更高的会计稳健性，而内部控制存在重大缺陷则会降低会计稳健性。因此，我们提出以下假设：

假设 1：存在内部控制重大缺陷的企业会计稳健性更低。

（二）变量定义

1. 财务报告内部控制重大缺陷度量

沿用第五章的做法，我们将存在下列情形之一者认定为财务报告内部控制存在重大缺陷：

（1）被出具否定意见或无法表示意见内部控制审计报告。

（2）内部控制评价报告中披露存在财务报告内部控制重大缺陷。

（3）已公布的财务报表因存在重大会计差错而被更正，即发生财务重述。我们将发生重大会计差错更正即财务重述的公司的重述年度视为存在财务报告内部控制重大缺陷。

（4）因财务会计问题违规被监管机构处罚。我们将因财务会计问题被证监会处罚、立案调查，及被上交所或深交所纪律处分的公司财务会计问题涉及年度视为存在财务报告内控重大缺陷。

2. 会计稳健性的度量

考虑到我们研究的 2011—2019 年间股票市场波动较大，不同年份间股票收益率受股票市场影响较大，借鉴 Ball 和 Shivakumar（2005）、Goh

和 Li（2011）、方红星和张志平（2012）等的研究，我们采用应计——现金流模型计量会计稳健性，其基本模型如下：

$$Accrual = \beta_0 + \beta_1 DCFO + \beta_2 CFO + \beta_3 DCFO \times CFO \quad (1)$$

其中，*Accrual* 为 *t* 年应计利润除以期初总资产。应计利润计算方法如下：

应计利润 = 营业利润 + 财务费用 - 投资收益 - 公允价值变动净损益
- 经营活动现金净流量

模型（1）中，*CFO* 为 *t* 年经营活动现金净流量除以期初总资产；*DCFO* 为反映“坏消息”的虚拟变量，当 $CFO < 0$ 时（表示“坏消息”），则 $DCFO = 1$，否则 $DCFO = 0$（表示“好消息”）。β_2 度量了应计利润对“好消息”的敏感程度，（$\beta_2 + \beta_3$）度量了应计利润对“坏消息”的敏感程度，β_3 度量了会计盈余对“坏消息”的敏感程度比对“好消息”敏感程度的增量，即稳健性系数。根据应计利润与现金流之间的负相关关系，β_2 预期为负。如果满足会计稳健性，即“坏消息”比“好消息”更及时反映在利润中，则 β_3 预期为正。

（三）模型设计

在检验所有假设时，我们在应计利润和经营活动现金净流量的基础上（Ball and Shivakumar，2005），加入内部控制重大缺陷变量 *ICMW*。这样，模型（1）变为：

$$Accrual = \beta_0 + \beta_1 DCFO + \beta_2 CFO + \beta_3 DCFO \times CFO + ICMW \times (\beta_4 + \beta_5 DCFO + \beta_6 CFO + \beta_7 DCFO \times CFO) \quad (2)$$

模型（2）中，*ICMW* 为哑变量，当内部控制存在重大缺陷时取值为 1，否则为 0。$ICMW \times DCFO \times CFO$ 的系数 β_7 反映内部控制重大缺陷对会计稳健性的影响。我们预期 β_7 的符号为正。

参考相关研究（Goh and Li，2011；朱茶芬和李志文，2008；祝继高，2011），我们加入了公司规模（Size）、营业收入增长率（Growth）、财务杠杆（LEV）作为控制变量，同时控制了年度效应（Year）和行业效应（IND），模型如下：

$$\begin{aligned}Accrual = & \beta_0 + \beta_1 DCFO + \beta_2 CFO + \beta_3 DCFO \times CFO \\ & + ICMW \times (\beta_4 + \beta_5 DCFO + \beta_6 CFO + \beta_7 DCFO \times CFO) \\ & + Size \times (\beta_8 + \beta_9 DCFO + \beta_{10} CFO + \beta_{11} DCFO \times CFO) \\ & + Growth \times (\beta_{12} + \beta_{13} DCFO + \beta_{14} CFO + \beta_{15} DCFO \times CFO) \\ & + LEV \times (\beta_{16} + \beta_{17} DCFO + \beta_{18} CFO + \beta_{19} DCFO \times CFO) \\ & + ControlType \times (\beta_{20} + \beta_{21} DCFO + \beta_{22} CFO + \beta_{23} DCFO \times CFO) \\ & + \sum IND + \sum Year\end{aligned} \tag{3}$$

为了控制与内部控制体系相联系的样本选择偏误或内生性，我们采取了 Heckman 两阶段回归方法。参考 Doyle 等（2007）的方法，在第一阶段回归中，采用模型（4）估计公司存在财务报告内部控制重大缺陷并披露的可能性：

$$\begin{aligned}ProbitICMW = & \beta_0 + \beta_1 Size + \beta_2 Growth + \beta_3 LEV + \beta_4 ARPct \\ & + \beta_5 InventoryPct + \beta_6 BM + \beta_7 SGrowth + \beta_8 LnAge \\ & + \beta_9 ControlType + \sum IND + \sum Year\end{aligned} \tag{4}$$

在求出逆米尔斯比率（Mills）后，将其代入模型（3）作为控制变量。

模型中变量的具体含义如表 6－1 所示。

表 6-1　　回归模型的变量及其含义

变量符号	变量含义
Accrual	应计利润除以期初总资产。应计利润 = 营业利润 + 财务费用 - 投资收益 - 公允价值变动净损益 - 经营活动现金净流量。
ICMW	存在下列情形之一者取 1：（1）被出具否定意见或无法表示意见内部控制审计报告；（2）内部控制评价报告中披露存在财务报告内部控制重大缺陷；（3）已公布的财务报表因存在重大会计差错而被更正，即发生财务重述；（4）因财务会计违规问题被监管机构处罚。否则取 0。
CFO	当期经营活动现金净流量与上期末总资产之比。
DCFO	哑变量。当期经营活动现金净流量 CFO <0 时（表示“坏消息”）则 DCFO = 1，否则 DCFO =0（表示“好消息”）。
Size	年末总资产自然对数。
Growth	当年营业收入增长率。
LEV	年末资产负债率。
ControlType	哑变量。最终控制权属国有为 1，否则为 0。与非国有控股公司相比，国有控股公司盈余管理动机较弱。
Year	年度哑变量。
IND	行业哑变量。行业分类依据为证监会 2001 年发布的《上市公司行业分类指引》。除制造业以行业次类（前两位代码）为准以外，其余以行业大类（一位代码）为准。
ARPct	期末应收账款和应收票据合计占总资产百分比。
InventoryPct	期末存货占总资产百分比。
BM	所有者权益账面值除以股票市值。
SGrowth	过去 3 年的平均销售增长率。
LnAge	公司上市年份到样本期的年数合计取自然对数。

四、数据来源及样本选择

（一）数据来源

本章研究中所用的上市公司数据来自 CSMAR 数据库。其中，财务数据来自财务报表数据库，财务报告内部控制与审计数据来自内部控制数据库，财务违规和财务重述数据来自审计研究数据库，股票收益率、市场收益率数据来自股票市场交易数据库。

（二）样本选择

根据财政部、证监会、审计署、银监会、保监会《关于印发企业内部控制配套指引的通知》（2010 年 4 月 15 日，财会〔2010〕11 号）的规定，《企业内部控制基本规范》及其配套指引自 2011 年 1 月 1 日起在境内外同时上市的公司施行，自 2012 年 1 月 1 日起在上海证券交易所、深圳证券交易所主板上市公司施行；在此基础上，择机在中小板和创业板上市公司施行。

按照财政部、证监会发布的《关于 2012 年主板上市公司分类分批实施企业内部规范体系的通知》（2012 年 8 月 14 日，财办会〔2012〕30 号），（1）中央和地方国有控股上市公司，应于 2012 年全面实施企业内部控制规范体系，并在披露 2012 年公司年报的同时，披露董事会对公司内部控制的自我评价报告以及注册会计师出具的财务报告内部控制审计报告；（2）非国有控股主板上市公司，且于 2011 年 12 月 31 日公司总市值（证监会算法）在 50 亿元以上，同时 2009 年至 2011 年平均净利润在 3000 万元以上的，应在披露 2013 年公司年报的同时，披露董事会对公司内部控制的自我评价报告以及注册会计师出具的财务报告内部控制审计报告；（3）其他主板上市公司，应在披露2014年公司年报的同时，披露董事会对公司内部控制的自我评价报告以及注册会计师出具的财务报告内部控制审计报告。

此外，按照上海证券交易所、深圳证券交易所的规定，新上市的公司应当在上市的下一年度年报披露的同时，披露内控评价报告和内控审计报告。

按照我们定义的财务报告内部控制重大缺陷度量方式，得到2011—2019年度财务报告内部控制重大缺陷样本，如表6－2所示。

表6－2　　筛选前的财务报告内部控制重大缺陷样本

年份	内控审计否定或无法表示意见	内控自我评价无效	发生财务重述	因财务违规被监管机构处罚	财务报告内部控制存在重大缺陷
2011	1	1	0	4	5
2012	2	1	0	44	44
2013	10	5	1	43	50
2014	22	19	2	58	75
2015	14	9	4	68	79
2016	22	16	10	78	95
2017	35	29	12	65	96
2018	52	48	6	57	96
2019	70	60	0	29	87
合计	228	188	35	446	627

注：按照两种或以上情形被认定存在内部控制重大缺陷的公司在汇总时只计算一次。

研究中剔除了当年新上市的公司，以消除由于上市融资、公司规模和股本结构发生较大变化而对财务指标产生的影响；剔除了金融、保险行业公司，以及股价数据缺失的公司。行业分类依据证监会2001年发布的《上市公司行业分类指引》，除制造业以行业次类（前两位代码）为准以外，其余以行业大类（一位代码）为准。为了避免极端值的影响，在对模型进行回归时，对连续变量按年度进行了 Winsorize 处理，将小于 1% 和大于 1% 的数据用 1% 和 99% 分位数代替。筛选后的最终样本如表 6-3 所示。

表 6-3　　筛选后的财务报告内部控制重大缺陷样本

年份	内控审计否定或无法表示意见	内控自我评价无效	发生财务重述	因财务违规被监管机构处罚	财务报告内部控制存在重大缺陷
2011	1	1	0	4	5
2012	2	1	0	44	44
2013	10	5	1	41	48
2014	22	19	2	56	73
2015	14	9	4	66	77
2016	22	16	10	77	94
2017	35	29	12	64	95
2018	52	48	6	57	96
2019	68	58	0	29	85
合计	226	186	35	438	617

注：按照两种或以上情形被认定存在内部控制重大缺陷的公司在汇总时只计算一次。

五、描述性统计及检验结果

（一）描述性统计

表 6-4 是研究中用到的变量的描述性统计，表 6-5 给出了内部控制无效组与有效组比较的检验结果。

表 6-4 描述性统计

变量	样本量	均值	标准差	最小值	25 分位数	50 分位数	75 分位数	最大值
Accrual	10626	-0.002	0.339	-6.629	-0.047	-0.012	0.027	24.561
DCFO	11299	0.267	0.442	0.000	0.000	0.000	1.000	1.000
CFO	10626	0.057	0.401	-4.050	0.006	0.049	0.096	35.129
ICMW	11299	0.055	0.227	0.000	0.000	0.000	0.000	1.000
Size	10626	22.685	1.490	14.942	21.714	22.562	23.578	28.636
Growth	10623	13.256	1306.151	-1.000	-0.048	0.071	0.210	134607.058
LEV	10626	0.513	0.766	0.008	0.337	0.498	0.654	63.971
StateCtrl	10572	0.586	0.493	0.000	0.000	1.000	1.000	1.000
ARPct	10626	0.121	0.119	0.000	0.028	0.085	0.181	0.813
BM	10549	0.540	0.410	0.000	0.271	0.444	0.706	6.600
InventoryPct	10626	0.160	0.166	0.000	0.049	0.113	0.201	0.940
SGrowth	9800	15.508	788.392	-1.000	0.009	0.107	0.236	44869.010
LnAge	10626	2.475	0.841	0.000	2.398	2.773	2.996	3.367

表 6-5 内部控制无效组与有效组的均值和中值检验

变量	ICMW=0			ICMW=1			均值差	中值差
	数量	均值	中值	数量	均值	中值	t 检验	Chi 检验
Accrual	10074	-0.003	-0.0120	552	0.022	-0.0210	-0.025*	6.879***
DCFO	10682	0.257	0	617	0.439	0	-0.182***	99.256***
CFO	10074	0.058	0.0510	552	0.037	0.0190	0.021	70.442***
Size	10074	22.707	22.58	552	22.274	22.34	0.433***	14.798***
Growth	10072	13.890	0.0740	551	1.668	0.0180	12.223	21.083***
LEV	10074	0.498	0.495	552	0.782	0.558	-0.283***	21.470***
StateCtrl	10028	0.594	1	544	0.445	0	0.149***	.
ARPct	10074	0.121	0.0850	552	0.122	0.0870	-0.001	0.375
BM	10017	0.543	0.447	532	0.479	0.374	0.064***	17.472***
InventoryPct	10074	0.161	0.114	552	0.147	0.0970	0.013*	9.363***
SGrowth	9290	11.409	0.108	510	90.178	0.0940	-78.769**	0.827
LnAge	10074	2.462	2.773	552	2.703	2.890	-0.242***	23.826***

注：***、**、*分别表示在1%、5%、10%的水平下显著。

从表6－4可以看到，ICMW的均值为0.055，即有5.5%的公司内部控制存在重大缺陷，而其他94.5%的公司内部控制有效。DCFO的均值为0.267，即26.7%的公司经营活动现金净流量为负。另外，StateCtrl的均值为0.586，即58.6%的公司为国有控股。

表6－5是研究中所用到的变量在内部控制有效组和无效组差异的检验。可以看到，绝大部分变量的均值差和中值差在1%水平上显著。与内部控制有效组相比，内部控制无效组的应计利润（Accrual）的均值和中值的绝对值更大，经营活动现金净流量（CFO）更小，更多的公司经营活动现金净流量为负（内部控制无效组的DCFO均值为0.439，而内部控制有效组为0.257），规模（Size）更小，营业收入增长率（Growth）更低，财务杠杆（LEV）更高，更少的公司为国有控股（内部控制无效组的StateCtrl均值为0.445，而内部控制有效组为0.594），所有者权益账面值与市值之比更低，存货占总资产百分比更低，上市年限更长。需要说明的是，内部控制无效组的应计利润更高而经营活动现金净流量更低，表明内部控制无效组的会计稳健性低于内部控制有效组。

其他变量中，内部有效组和无效组的应收账款与应收票据之和占总资产之比（ARPct）的均值差和中值差不显著；过去三年平均营业收入增长率的均值差显著但中值差不显著。

（二）回归结果

表6－6是模型（3）的回归结果。可以看到，与预期一致，ICMW×DCFO×CFO的回归系数在1%水平上显著为负，说明内部控制存在重大缺陷的公司的会计稳健性更低，即假设1得到验证。模型的调整后R^2达到55.9%，说明模型中的变量对应计利润具有较强的解释力。

表 6-6　　模型（3）的回归结果

变量	Accrual	Accrual
DCFO	-0.116***	-0.066**
	(-3.81)	(-2.10)
CFO	-0.274*	-0.348**
	(-1.68)	(-2.10)
DCFO × CFO	1.011***	1.070***
	(2.86)	(2.91)
ICMW	-0.029***	-0.021***
	(-4.48)	(-3.12)
Mills		0.049***
		(11.74)
ICMW × DCFO	-0.021**	-0.018
	(-1.98)	(-1.60)
ICMW × CFO	0.211**	0.170
	(2.00)	(1.59)
ICMW × DCFO × CFO	-0.570***	-0.385*
	(-2.64)	(-1.74)
Size	0.008***	0.004***
	(10.40)	(4.08)
Size × DCFO	0.005***	0.003**
	(3.80)	(2.29)
Size × CFO	0.009	0.012
	(1.17)	(1.54)
Size × DCFO × CFO	-0.102***	-0.092***
	(-6.49)	(-5.62)
Growth	0.009***	0.011***
	(7.02)	(8.41)
Growth × DCFO	0.047***	0.037***
	(9.28)	(7.09)

续表

变量	Accrual	Accrual
Growth × CFO	0. 160 ***	0. 156 ***
	(12. 47)	(11. 67)
Growth × DCFO × CFO	-0. 097 *	-0. 138 ***
	(-1. 95)	(-2. 67)
LEV	-0. 023 ***	0. 010
	(-5. 06)	(1. 45)
LEV × DCFO	-0. 034 ***	-0. 036 ***
	(-3. 74)	(-3. 54)
LEV × CFO	-0. 872 ***	-0. 788 ***
	(-16. 90)	(-13. 20)
LEV × DCFO × CFO	1. 286 ***	0. 711 ***
	(12. 14)	(5. 99)
StateCtrl	-0. 008 ***	-0. 012 ***
	(-3. 38)	(-4. 90)
StateCtrl × DCFO	0. 006	0. 005
	(1. 32)	(1. 06)
StateCtrl × CFO	-0. 095 ***	-0. 132 ***
	(-4. 31)	(-5. 92)
StateCtrl × DCFO × CFO	0. 143 ***	0. 210 ***
	(2. 67)	(3. 91)
Year	控制	控制
Industry	控制	控制
Observations	9912	9081
Adjusted R - squared	0. 559	0. 577
F test	0	0
F	252. 0	243. 6

注：***、**、*分别表示在1%、5%、10%的水平下显著。

在加入逆米尔斯比率后，ICMW × DCFO × CFO 的回归系数仍然在10%水平上显著为负，逆米尔斯比率（Mills）在1%水平上显著为正，表明二阶段回归很好地克服了内生性问题，从而验证了假设 1。

其他变量中，在加入逆米尔斯比率（Mills）后，CFO 的系数在 1% 水平上显著为负，DCFO × CFO 的系数在 1% 水平上显著为正，与预期一致（Ball and Shivakumar，2005）；Size × DCFO × CFO 的系数在 1% 水平上显著为负，LEV × DCFO × CFO 的系数在 1% 水平上显著为正，与预期一致（Goh and Li，2011）。StateCtrl × DCFO × CFO 的系数在 1% 水平上显著为正，说明国家控股的公司会计稳健性更高，与朱茶芬和李志文（2008）的发现不一致。Growth × DCFO × CFO 的系数在 1% 水平上显著为负，说明营业收入增长率高的公司会计稳健性更低。

六、本章小结

本章以《企业内部控制基本规范》及其配套指引实施后 2011—2019 年度强制披露内部控制审计报告和自我评价报告的 A 股上市公司为对象，将被出具否定意见或无法表示意见内部控制审计报告、内部控制评价报告中披露存在内部控制重大缺陷、发生财务重述、或因财务违规被监管机构处罚认定为存在内部控制重大缺陷，研究了内部控制重大缺陷与会计稳健性的相关性。结果表明，内部控制重大缺陷降低了会计稳健性。

由于一些上市公司未真实披露其财务报告内部控制发生的重大缺陷，因此，我们将财务重述或因财务违规被监管机构处罚涉及年度认定为存在内部控制重大缺陷年份。本章的研究表明，在评价上市公司内部控制有效性时，不应仅仅依赖当年度披露的内部控制审计报告和评价报告，后续年度发生的财务重述、因财务违规被监管机构处罚等情形也应该一并纳入考虑范围。

第七章　内部控制重大缺陷与投资效率

一、引言

内部控制有效，意味着公司已经建立了符合法律、法规要求的董事会及专业委员会、监事会，董事会及各专门委员会及其他治理机构职责权限、任职资格和议事规则明确，公司的董事会、监事会能够对管理层进行有效的制衡，能够对管理层做出的投资决策进行有效的监督，以约束管理层的非效率投资行为。内部控制有效，意味着公司的财务报告可靠性目标能够得以保证，股东和管理层之间的信息不对称将得到有效缓解，由第一类代理问题引起的非效率投资将得到有效抑制。内部控制有效，意味着公司治理层对控股股东与公司之间关联交易的监督有效性大大提高，控股股东损害中小股东利益的问题将有效缓解，第二类代理问题引起的非效率投资也将得到有效抑制。反之，如果内部控制存在重大缺陷，则内部控制对无效率投资的抑制作用可能被削弱。

本章研究内部控制重大缺陷与投资效率的关系。我们以《企业内部控制基本规范》及其配套指引实施后 2011—2019 年度强制披露内部控制审计报告和评价报告的 A 股上市公司为对象，将发生下列情形之一认定为存在财务报告内部控制重大缺陷：财务报告内部控制被出具否定审计意见或无法表示意见、内部控制评价报告中披露存在财务报告内部控制重大缺陷、发生财务重述、被监管机构针对财务会计违规问题处罚。采用 Heckman 两阶段回归控制内生性，本章的检验结果发现，相比财务报告内部控制有效的公司，存在财务报告内部控制重大缺陷的公司更容易产生投资不足，而投资过度则与内部控制重大缺陷不存在显著的相关关系。

本章第二部分是文献回顾，第三部分是研究假设、变量定义和模型设计，第四部分是数据来源及样本选择，第五部分是描述性统计及检验结果，最后一部分是结论。

二、文献回顾

（一）投资效率

投资是企业重大决策之一，由于代理问题和信息不对称问题导致企业的投资效率并不总是能符合预计标准。该种结果偏差主要表现为投资不足和投资过度两种情形。很多学者对企业投资效率或非效率投资的影响因素进行了探讨，主要分为企业内部及企业外部因素，企业内部因素包含公司治理、管理者特征、企业特定行为等；企业外部因素包含外部环境、监管机构政策及利益相关者行为及特征等。

从企业内部因素来看，企业本身的盈利能力和管理水平对投资效率有本质的影响。企业公司治理和内部控制对抑制非效率投资均有显著作用，但在作用过程中存在差异性的分工效应（方红星和金玉娜，2013）。企业本身某些行为，如企业避税（刘行和叶康涛，2013）、企业社会责任履行（Benlemlih and Bitar，2018）由于能够加剧或减轻信息不对称程度而对企业投资效率有负面或正面作用；企业的股利政策（刘银国等，2015）、理财产品购买行为（胡诗阳等，2019）、集团企业的内部资金分配（陈胜蓝等，2014）等由于现金持有选择或资金配置原因增强或降低代理问题导致企业投资效率降低或提高。企业管理者个人特征如管理者自信对企业投资效率有负面影响（侯巧铭等，2017；刘艳霞和祁怀锦，2019；张立民等，2017）。部分学者还发现企业董监高或高管团队特征对企业投资效率有影响，如财务总监、审计总监进入董事会和监事会能够对企业投资效率起到积极作用（王兵等，2018；向锐，2015），异地独董可能所导致公司产生更严重的过度投资（曹春方和林雁，2017），具有更大规模、更高学历水平等特征的高管团队的企业投资效率更高（Lai and Liu，2018）以及因高管行业协会任职造成的“资源诅咒”作用所导致的过度投资（罗劲博和李小荣，2019）等。

从企业外部因素来看，首先企业面临着各种经济的、政治的以及社会文化等外部环境；其次，企业本身是一系列契约的集合，其生存和发展受到契约对应主体的影响。法治环境作为基础环境对企业投资效率有促进作用（万良勇，2013）。刘凤委和李琦（2013）在研究央企 EVA 评价制度对央企过度投资行为影响时发现市场竞争程度越激烈的行业，EVA 制度抑制企业过度投资的作用越明显。徐倩（2014）则发现，当环境不确定性越大时企业投资效率越低。随着我国资本市场的发展与逐步成熟，企业正处于或者将来要置身于资本市场，不能忽略资本市场环境对企业施加的影响。资本市场对企业的经营期望以及分析师的财务预测会给企业带来外部盈利压力，出于降低折旧摊销费用的考虑，企业管理者可能会减少投资从而造成投资不足现象（王菁和程博，2014）。在“互联网+”与共享经济生态之下，新闻媒体的作用也越发重要。张建勇等（2014）发现关于企业正面的媒体报道对企业非效率投资有正向影响，分析师的资本支出预测对提高企业投资效率有积极作用（Choi et al.，2020）。另外，政府政策对企业发展存在干预从而影响企业投资效率，比如张新民等（2017）发现产业政策加剧了企业融资约束从而降低了企业投资效率，黄海杰等（2016）则以“四万亿投资”为例表明政府出台的经济刺激政策降低了企业的投资效率。另外，与企业契约相关的外部主体也同样与企业投资效率有关联，比如具有专长的审计师可以提高企业投资效率（赵艺和倪古强，2020），行业占有率高及规模大的审计机构可提高客户公司的投资效率（Bae et al.，2017），连锁股东的“竞争合谋”导致企业投资不足（潘越等，2020），客户集中度越高可导致管理层决策越保守从而导致投资效率降低（王丹等，2020）。

（二）内部控制与投资效率

按照 COSO《内部控制——整合框架》，内部控制的目标之一是提高财务报告的可靠性。如果内部控制存在重大缺陷，将导致不能有效实现保证财务报告可靠性这一目标。

企业内部控制质量会影响会计信息质量。低质量的会计信息对投资效率有负面影响（Biddle et al.，2009；Chen et al.，2011），无论在投资项目识别、公司治理还是信息不对称方面都有所体现（刘慧龙等，2014），故内部控制质量可以影响企业的投资效率。李万福等（2010）首次通过对内部控制信息披露、过度投资和财务危机三者之间的关系进行研究，发现披露企业内控信息能够降低信息的不对称性，缓解因信息不对称而滋生的代理问题，从而制约公司的过度投资行为。李万福等（2011）基于流动性特性的条件关系检验和基于预期投资偏离的无条件关系检验，发现不论是公司面临过度投资还是投资不足的境况时，更低的内控质量都会加剧非效率投资行为的产生。Lai 等（2020）发现与投资账户相关的内部控制缺陷对管理层非效率投资有显著影响，而内部控制缺陷披露对企业投资效率的提高有积极作用（Cheng et al.，2015）。张超和刘星（2015）考察了内控缺陷披露对企业投资效率的动态影响，得出上市公司在披露内部控制缺陷信息前一期存在过度投资行为，而披露后一期的过度投资会倾向于有所减弱的结论。

虽然一些研究对内部控制与投资效率的关系进行了研究，但我们尚未发现《企业内部控制基本规范》及其配套指引全面实施后的效果的较为全面的研究。因此，本章以2011年《企业内部控制基本规范》及其配套指引全面实施后的样本为对象研究内部控制重大缺陷与投资效率的关系具有积极意义。

三、研究假设、变量定义和模型设计

（一）研究假设

中国上市公司存在两类代理问题，第一类是因股东与管理层之间的信息不对称导致管理层可能最大化自身利益从而损害股东利益的代理问题，第二类是控股股东和中小股东之间的代理问题，控股股东利用其控股地位最大化自身利益，损害中小股东利益。

第一类和第二类代理问题都可能导致上市公司投资不足。第一类代理问题导致逆向选择，即使管理层遴选的投资项目净现值（以下简称“NPV”）大于0，仍然可能得不到股东大会的支持或债权人的认可，从而引发投资不足。而第一类代理问题也会导致道德风险，管理层可能为了最大化自身利益而不会实施NPV大于0的投资项目，或不将NPV大于0的投资项目呈送股东大会或债权人以获得授权及资金支持，从而造成投资不足。第二类代理问题的存在使得控股股东可能通过掏空上市公司来最大化其利益，上市公司因此缺乏授权及所需资金以实施NPV大于0的项目。

第一类和第二类代理问题也可能导致上市公司投资过度。由于第一类代理问题的存在，管理层可能不会选择将公司的自由现金用于分配股利或偿还债务，而用于支持能够最大化自身利益的投资项目，从而产生投资过度，即使这些项目 NPV 小于 0。在存在第二类代理问题时，公司可能收购控股股东的投资项目，或投资与控股股东产生协同效应的项目，即使这些项目 NPV 小于 0，从而造成投资过度。

有效的内部控制有助于抑制无效率投资行为。按照 COSO《内部控制——整合框架》和中国《企业内部控制基本规范》，内部控制的组成部分包括控制环境、风险评估、控制活动、信息和沟通、监督等五个要素，其中，控制环境包括董事会和审计委员会、经营理念和经营风格、管理层授权和职责分工等要素；控制活动则包括工程项目、研发活动、资金活动等具体业务的控制。如果内部控制有效，则公司应该建立了符合法律、法规要求的董事会及专业委员会、监事会，董事会及各专门委员会及其他治理机构职责权限、任职资格和议事规则明确，公司的董事会、监事会能够对管理层进行有效的制衡，能够对管理层做出的投资决策进行有效的监督，约束管理层的非效率投资行为；公司对全面预算、工程项目、研发活动、资金活动、合同管理等投资相关的业务活动制定了适当的政策和控制程序，在投资项目遴选及决策过程中能够进行有效的风险评估，在投资项目实施过程中能够进行有效的监督、评价，抑制无效率投资项目的发起及实施。如果内部控制有效，则公司的财务报告可靠性目标能够得以保证，股东和管理层之间的信息不对称将得到有效缓解，由于第一类代理问题引起的非效率投资将得到有效抑制。如果内控控制有效，意味着股东大会、董事会及监事会对控股股东与公司之间关联交易的监督有效性大大提高，控股股东损害中小股东利益的问题将有效缓解，第二类代理问题引起的非效率投资将得到有效抑制。

简言之，有效的内部控制意味着有效的控制环境、风险评估、控制活动、信息和沟通以及监督，能够有效抑制投资过度或投资不足行为；无效的内部控制则意味着控制环境、风险评估、控制活动、信息和沟通以及监督等五要素存在至少一个或多个重大缺陷，无法有效抑制投资过度或投资不足行为。因此，我们提出如下假设：

假设1：内部控制重大缺陷与投资不足正相关，即存在内部控制重大缺陷的企业更容易投资不足。

假设2：内部控制重大缺陷与投资过度正相关，即存在内部控制重大缺陷的企业更容易投资过度。

（二）内部控制重大缺陷及投资效率的度量

1. 内部控制重大缺陷的度量

沿用第五章、第六章的做法，我们将存在下列情形之一者认定为财务报告内部控制存在重大缺陷：

（1）被出具否定意见或无法表示意见内部控制审计报告。

（2）内部控制评价报告中披露存在财务报告内部控制重大缺陷。

（3）已公布的财务报表因存在重大会计差错而被更正，即发生财务重述。我们将发生重大会计差错更正即财务重述的公司的重述年度视为存在财务报告内部控制重大缺陷。

（4）因财务会计违规问题被监管机构处罚。我们将因财务会计问题被证监会处罚、立案调查，及被上交所或深交所纪律处分的公司财务会计问题涉及年度视为存在财务报告内控重大缺陷。

2. 投资效率的计量

相关研究对投资活动（资本投资）的计量指标缺乏一致的做法。Vogt（1994）采用Compustat 128项的资本支出，而Richardson（2006）则将投资分为维持性投资和新增投资。国内的研究文献对投资的度量有以下三种方法。

第一种方法，采用现金流量表中“购建固定资产、无形资产和其他资产支付的现金”度量。辛清泉等（2007）、王宇伟等（2019）采用了这种计量方法。李培功和肖珉（2012）、周中胜等（2017）采用上述指标时减去了处置固定资产、无形资产和其他长期资产而收回的现金。潘红波和陈世来（2017）同时采用了该两类度量方式。

第二种方法，采用资产负债表中固定资产等项目原值的增加值度量。屈文洲等（2011）采用了这种计量方法。

第三种方法，采用资产负债表中固定资产净值的增加值度量。连立帅等（2019）采用了这种计量方法。也有文献在计算时考虑了在建工程、无形资产等项目，如李维安和马超（2014）使用（固定资产 + 在建工程 + 无形资产 + 长期投资）净值变化量与年初总资产之比。

第四种方法，采用 Richardson（2006）的非效率投资（投资不足或过度投资）的定义和计量方法来估算预期投资。总投资为企业全部的资本支出，加上企业进行现金收购的支出，扣除企业出售资产的收入后的金额。总投资包括两个部分：维持性投资和新增投资。维持性投资为维持机器、设备等资产正常运营的必要投资，用固定资产折旧和无形资产摊销来计量；新增投资为投资在新项目上的支出。采用 Richardson（2006）的预期模型，将新增投资对增长机会、财务杠杆、公司规模、上市年限、年初货币资金、年度股票回报率、前期投资水平、年度固定效应和行业固定效应等因素进行回归，可以估计出预期投资。

上述方法中，第一种方法计算出的新增投资属于采用现金制计算的，第二种和第三种是按照应计制口径计算的。第二种和第三种方法的区别是，第三种方法因为没有考虑折旧、摊销导致的固定资产净值的减少，因此，按照 Richardson（2006）的定义，没有包括维持性投资，因此可以理解为新增投资；而第二种方法则可以理解为总投资。第四种方法先估计预期新增投资，然后与实际新增投资比较来计算非效率投资，与前三种方法没有可比性。

我们认为，现金制能较为准确地反映实际发生的投资支出，且不容易产生应计制方法可能带来的人为操纵。因此，我们采用第一种方法计量投资。我们首先采用下列公式计算投资水平 Invest：

Invest_1 = 现金流量表中“购建固定资产、无形资产和其他资产支付的现金” - 现金流量表中“处置固定资产、无形资产和其他长期资产而收回的现金”（公式 1）

同时，为了增强检验结果的稳健性，我们也采用了下列公式计算投资水平：

Invest_2 = 现金流量表中“购建固定资产、无形资产和其他资产支付的现金”（公式 2）

在界定投资之后，我们使用 Richardson（2006）模型来度量非效率投资，模型如下：

$$Invest_t = \alpha_0 + \alpha_1 Q_{t-1} + \alpha_2 LEV_{t-1} + \alpha_3 Cash_{t-1} + \alpha_4 Age_{t-1} + \alpha_5 Size_{t-1} + \alpha_6 Return_{t-1} + \alpha_7 Invest_{t-1} + \sum Industry + \sum Year + \varepsilon \quad (1)$$

使用 Richardson（2006）模型回归的残差为投资水平与预期投资之差，即为非效率投资。残差为正时是过度投资，代表实际投资水平高于预期投资水平，用 $Overinvest_t$ 表示；残差为负时则为投资不足，代表实际投资水平低于预期投资水平，用 $Underinvest_t$ 表示。对 $Overinvest_t$ 和 $Underinvest_t$ 取绝对值，绝对值越大，代表投资过度和投资不足情况越严重。

（三）模型设计

为了检验假设 1，我们以投资不足为被解释变量，建立如下模型：

$$Underinvest_t = \alpha_0 + \alpha_1 ICMW_t + \alpha_2 Q_t + \alpha_3 Size_t + \alpha_4 ROA_t + \alpha_5 Major_t + \sum Industry + \sum Year + \varepsilon \quad (2)$$

模型（2）中，被解释变量 $Underinvest_t$ 为模型（1）回归得到的小于 0 的残差取绝对值。解释变量为 $ICMW$，当公司存在财务报告内部控制重大缺陷时取值为 1，否则取值为 0。其他变量为控制变量。

为了检验假设 2，我们以投资过度为被解释变量，建立如下模型：

$$Overinvest_t = \alpha_0 + \alpha_1 ICMW_t + \alpha_2 Q_t + \alpha_3 Size_t + \alpha_4 ROA_t + \alpha_5 Major_t + \sum Industry + \sum Year + \varepsilon \quad (3)$$

模型（3）中，被解释变量 $Overinvest_t$ 为模型（1）回归得到的大于 0 的残差值。解释变量和控制变量与模型（2）相同。

借鉴李万福等（2010）及方红星和金玉娜（2013）的研究设计，模型（2）和模型（3）中加入了控制变量。其中，Q_t 是年末的托宾 Q 值，用来度量公司的成长机会，我们同时采用营业收入增长率 $Growth_t$ 度量公司的成长机会。Biddle 等（2009）发现，当公司的成长机会较大时，公司投资需求和融资需求更高，因此可能面临更大的融资约束。另外，高成长机会的企业被市场认可的程度更高，外部融资也许更为便捷。该变量回归系数的符号因此难以预测。

控制变量中，$Size_t$ 为公司第 t 年的总资产规模的自然对数。规模越大的公司拥有的资源越多，资金来源或项目来源都更多。预期公司规模与投资不足呈负相关关系，但与投资过度的关系不显著。

ROA_t 表示第 t 年的盈利能力。公司的盈利能力越差，融资越难，也越容易发生投资不足。预期 ROA 与投资不足呈负相关关系，与投资过度呈正相关关系。

$Major_t$ 表示 t 年末第一大股东持股比例。第一大股东持股比例越高，其影响投资决策的可能性越大。这种影响可能是掏空上市公司，从而使公司面临投资机会时没有充足的资金从而导致投资不足，也可能是大股东操控企业过度投资到对其利益最大化的项目中。该变量回归系数的符号因此难以预测。

为了控制与内部控制体系相联系的样本选择偏误或内生性，我们采用了 Heckman 两阶段回归方法。参考 Doyle 等（2007）的方法，在第一阶段回归中，采用模型（4）估计公司存在财务报告内部控制重大缺陷并披露的可能性：

$$
\begin{aligned}
ProbitICMW_t = {} & \beta_0 + \beta_1 Size_t + \beta_2 Growth_t + \beta_3 LEV_t + \beta_4 ARPct_t \\
& + \beta_5 InventoryPct_t + \beta_6 BM_t + \beta_7 SGrowth_t + \beta_8 Age_t \\
& + \beta_9 ControlType_t + \sum Industry + \sum Year \qquad (4)
\end{aligned}
$$

在求出逆米尔斯比率（Mills）后，将其代入模型（2）、模型（3）作为控制变量。

模型中变量的含义如表 7－1 所示。

表 7－1　　变量定义

变量符号	变量含义
模型（1）的变量	
$Invest_t$	第 t 年的投资水平。分别按照公式（1）和公式（2）度量，除以第 t 年初总资产。
Q_{t-1}	成长机会，t－1 年的 Tobin－Q 值。
LEV_{t-1}	资产负债率，t－1 年的负债总额与资产总额的比值。
$Cash_{t-1}$	现金持有量，t－1 年末的货币资金与交易性金融资产之和与 t－1 年年末总资产的比值。
Age_{t-1}	上市年龄，截至第 t－1 年末的企业上市的年限取自然对数。
$Size_{t-1}$	公司规模，t－1 年末企业的总资产取自然对数。
$Return_{t-1}$	股票收益率率。取 5 月初至次年 4 月底考虑了现金红利再投资的股票收益率。稳健性检验时取 1 月初至 12 月底考虑了现金红利再投资的股票收益率，及对两种度量方式下的股票收益率按照市场收益率调整。
$Invest_{t-1}$	t－1 年的投资水平。分别按照公式（1）和公式（2）度量，除以 t 年初总资产。
Industry	行业哑变量。行业分类按照证监会 2001 年《上市公司行业分类指引》。因制造业公司较多，制造业取前两位代码，其他行业取首位代码。

续表

变量符号	变量含义
Year	年度哑变量。
模型（2）（3）（4）的变量	
$Underinvest_t$	投资不足，为模型（1）回归得到的小于0的残差取绝对值。
$Overinvest_t$	过度投资，模型（1）回归得到的大于0的残差取绝对值。
$ICMW_t$	财务报告内部控制重大缺陷，存在下列情形之一者取1：（1）被出具否定意见或无法表示意见内部控制审计报告；（2）内部控制评价报告中披露存在财务报告内部控制重大缺陷；（3）已公布的财务报表因存在重大会计差错而被更正，即发生财务重述；（4）因财务会计违规问题被监管机构处罚。否则取0。
Q_t	公司成长机会，为t年末的托宾Q值。
$Growth_t$	公司成长机会，为t年的营业收入增长率。
$Size_t$	公司规模，为t年末总资产的自然对数。
ROA_t	资产报酬率，为t年归属于母公司股东净利润与年初年末平均总资产的比值。
$Major_t$	第一大股东持股比例，为t年第一大股东持股百分比。
Mills	逆尼米尔斯比率，为模型（4）回归计算得到。
$ControlType_t$	哑变量。t年最终控制权属国有为1，否则为0。
$ARPct_t$	t年期末应收账款和应收票据合计占总资产百分比。
$InventoryPct_t$	t年期末存货占总资产百分比。
BM_t	t年所有者权益账面值除以股票市值。
$SGrowth_t$	截至t年过去3年的平均销售增长率。

四、数据来源及样本选择

（一）数据来源

我们研究中所用的上市公司数据来自CSMAR数据库。其中，财务数据来自财务报表数据库，财务报告内部控制与审计数据来自内部控制数据库，财务违规和财务重述数据来自审计研究数据库，股票收益率、市场收益率数据来自股票市场交易数据库，ROA、托宾 Q 等数据来自财务指标分析数据库，数据起止时间为 2011—2019 年。

（二）样本选择

根据财政部、证监会、审计署、银监会、保监会《关于印发企业内部控制配套指引的通知》（2010 年 4 月 15 日，财会〔2010〕11 号）的规定，《企业内部控制基本规范》及其配套指引自 2011 年 1 月 1 日起在境内外同时上市的公司施行，自 2012 年 1 月 1 日起在上海证券交易所、深圳证券交易所主板上市公司施行；在此基础上，择机在中小板和创业板上市公司施行。

按照财政部、证监会发布的《关于 2012 年主板上市公司分类分批实施企业内部规范体系的通知》（2012 年 8 月 14 日，财办会〔2012〕30 号）的规定，（1）中央和地方国有控股上市公司，应于 2012 年全面实施企业内部控制规范体系，并在披露 2012 年公司年报的同时，披露董事会对公司内部控制的自我评价报告以及注册会计师出具的财务报告内部控制审计报告；（2）非国有控股主板上市公司，且于 2011 年 12 月 31 日公司总市值（证监会算法）在 50 亿元以上，同时 2009—2011 年平均净利润在 3000 万元以上的，应在披露 2013 年公司年报的同时，披露董事会对公司内部控制的自我评价报告以及注册会计师出具的财务报告内部控制审计报告；（3）其他主板上市公司，应在披露 2014 年公司年报的同时，披露董事会对公司内部控制的自我评价报告以及注册会计师出具的财务报告内部控制审计报告。

此外，按照上海证券交易所、深圳证券交易所的规定，新上市的公司应当在上市的下一年度年报披露的同时，披露内控评价报告和内控审计报告。

按照我们定义的财务报告内部控制重大缺陷度量方式，得到2011—2019年度财务报告内部控制重大缺陷样本，如表7-2所示。

表7-2　　筛选前财务报告内部控制重大缺陷样本

年份	内控审计否定或无法表示意见	内控自我评价无效	发生财务重述	因财务违规被监管机构处罚	财务报告内部控制存在重大缺陷
2011	1	1	0	4	5
2012	2	1	0	44	44
2013	10	5	1	43	50
2014	22	19	2	58	75
2015	14	9	4	68	79
2016	22	16	10	78	95
2017	35	29	12	65	96
2018	52	48	6	57	96
2019	70	60	0	29	87
合计	228	188	35	446	627

注：按照两种或以上情形被认定存在内部控制重大缺陷的公司在汇总时只计算一次。

研究中剔除了当年新上市的公司以消除由于上市融资、公司规模和股本结构发生较大变化而对财务指标产生的影响；剔除了金融、保险行业公司，以及股价数据缺失的公司。行业分类依据为证监会2001年发布的《上市公司行业分类指引》。考虑到按照Richardson（2006）回归非效率投资对样本量的要求，除制造业以行业次类（前两位代码）为准以外，其余以行业大类（一位代码）为准。为了避免极端值的影响，在对模型进行回归时，对连续变量按年度进行了Winsorize处理，将小于1%和大于1%的数据用1%和99%分位数代替。筛选后的最终样本如表7-3

所示。

表7-3　　筛选后的财务报告内部控制重大缺陷样本

年份	内控审计否定或无法表示意见	内控自我评价无效	发生财务重述	因财务违规被监管机构处罚	财务报告内部控制存在重大缺陷
2011	1	1	0	3	4
2012	2	1	0	39	39
2013	10	5	1	40	47
2014	14	13	1	50	61
2015	12	8	4	54	64
2016	18	13	9	60	76
2017	22	20	9	49	72
2018	38	36	5	42	72
2019	58	49	0	27	74
合计	175	146	29	364	509

注：按照两种或以上情形被认定存在内部控制重大缺陷的公司在汇总时只计算一次。

五、描述性统计及检验结果

（一）描述性统计

表7-4是研究中用到的变量的描述性统计，表7-5给出了内部控制无效组与有效组比较的检验结果。

表 7-4　描述性统计

变量	样本量	均值	标准差	最小值	25 分位数	50 分位数	75 分位数	最大值
$ICMW_t$	9799	0.052	0.222	0	0	0	0	1
$Invest_{1,t}$	9799	0.045	0.087	-2.216	0.009	0.028	0.062	3.865
$Invest_{2,t}$	9799	0.050	0.082	0.000	0.011	0.031	0.064	3.865
$Invest_{1,t-1}$	9799	0.060	0.882	-2.601	0.010	0.031	0.067	85.037
$Invest_{2,t-1}$	9799	0.065	0.901	0.000	0.013	0.034	0.070	86.828
$Underinvest_{1,t}$	5912	-0.020	0.021	-0.235	-0.026	-0.015	-0.008	-0.000
$Underinvest_{2,t}$	6056	-0.019	0.020	-0.241	-0.024	-0.015	-0.007	-0.000
$Overinvest_{1,t}$	3887	0.032	0.045	0.000	0.006	0.016	0.040	0.482
$Overinvest_{2,t}$	3743	0.033	0.045	0.000	0.006	0.017	0.040	0.501
Q_t	9799	2.301	10.976	0.153	1.125	1.442	2.123	729.629
Q_{t-1}	9799	2.277	8.636	0.153	1.147	1.464	2.133	715.945
LEV_t	9799	0.519	0.774	0.008	0.348	0.508	0.660	66.902
LEV_{t-1}	9799	0.513	0.707	0.008	0.349	0.509	0.662	66.902
$Cash_{t-1}$	9799	0.164	0.118	0.000	0.084	0.134	0.210	0.993
Age_t	9799	2.590	0.655	0.693	2.485	2.833	2.996	3.367
Age_{t-1}	9799	2.473	0.798	0.000	2.398	2.773	2.944	3.332
$Size_t$	9799	22.767	1.478	14.942	21.792	22.641	23.651	28.636
$Size_{t-1}$	9799	22.669	1.468	14.942	21.719	22.548	23.547	28.523
$Return_{1,t-1}$	9799	0.039	0.474	-0.772	-0.283	-0.078	0.248	7.355
$Return_{2,t-1}$	9799	0.109	0.633	-0.877	-0.254	-0.075	0.207	7.684
$Growth_t$	9798	0.277	3.222	-1.000	-0.052	0.067	0.203	201.028
$ARPct_t$	9799	0.119	0.118	0.000	0.027	0.082	0.176	0.813
$InventoryPct_t$	9799	0.162	0.169	0.000	0.049	0.113	0.203	0.940
BM_t	9728	0.551	0.413	0.000	0.280	0.455	0.721	6.600
$Sgrowth_t$	9799	8.950	522.652	-0.872	0.010	0.107	0.234	44292.720
$ControlType_t$	9799	0.583	0.493	0	0	1	1	1
ROA_t	9799	0.026	0.168	-14.357	0.009	0.026	0.055	1.560
$Major_t$	9799	0.365	0.157	0.003	0.243	0.347	0.476	0.900

表 7-5　　内部控制无效组与有效组的均值和中值检验

变量	ICMW = 0			ICMW = 1			均值差	中值差
	数量	均值	中值	数量	均值	中值	t 检验	Chi 检验
$Invest_{1,t}$	9290	0.045	0.029	509	0.040	0.019	0.005	18.682***
$Invest_{2,t}$	9290	0.050	0.031	509	0.047	0.022	0.002	16.395***
$Invest_{1,t-1}$	9290	0.059	0.031	509	0.078	0.026	-0.019	6.721***
$Invest_{2,t-1}$	9290	0.064	0.034	509	0.086	0.028	-0.022	6.257**
$Underinvest_{1,t}$	5571	-0.020	-0.015	341	-0.023	-0.016	0.003***	1.646
$Underinvest_{2,t}$	5706	-0.019	-0.015	350	-0.021	-0.016	0.003**	1.468
$Overinvest_{1,t}$	3719	0.032	0.016	168	0.036	0.015	-0.004	0.221
$Overinvest_{2,t}$	3584	0.032	0.017	159	0.037	0.018	-0.005	0.167
Q_t	9290	2.129	1.440	509	5.434	1.526	-3.305***	1.749
Q_{t-1}	9290	2.165	1.459	509	4.330	1.580	-2.165***	7.226***
LEV_t	9290	0.504	0.505	509	0.776	0.570	-0.271***	16.434***
LEV_{t-1}	9290	0.512	0.508	509	0.536	0.538	-0.024	3.841*
$Cash_{t-1}$	9290	0.164	0.135	509	0.152	0.124	0.013**	4.568**
Age_t	9290	2.581	2.833	509	2.750	2.890	-0.170***	13.248***
Age_{t-1}	9290	2.462	2.773	509	2.667	2.833	-0.205***	13.248***
$Size_t$	9290	22.790	22.658	509	22.346	22.424	0.443***	14.258***
$Size_{t-1}$	9290	22.689	22.561	509	22.308	22.368	0.381***	9.288***
$Return_{1,t-1}$	9290	0.039	-0.077	509	0.051	-0.106	-0.012	0.909
$Return_{2,t-1}$	9290	0.111	-0.073	509	0.071	-0.103	0.040	3.475*
$Growth_t$	9290	0.274	0.069	508	0.323	0.013	-0.049	17.573***
$ARPct_t$	9290	0.119	0.082	509	0.120	0.087	-0.002	0.603
$InventoryPct_t$	9290	0.163	0.115	509	0.150	0.097	0.013*	11.640***
BM_t	9237	0.554	0.459	491	0.489	0.394	0.065***	13.386***
$Sgrowth_t$	9290	9.374	0.107	509	1.203	0.099	8.171	0.166
$ControlType_t$	9290	0.591	1	509	0.442	0	0.149***	.
ROA_t	9290	0.031	0.027	509	-0.069	0.009	0.100***	85.353***
$Major_t$	9290	0.367	0.351	509	0.317	0.282	0.051***	45.846***

注：***、**、* 分别表示在 1%、5%、10% 的水平下显著。

从表7－4可以看到，仅有5.2%的公司财务报告内控无效，而其他94.8%的公司则有效。采用第一种方法度量投资时，投资不足和投资过度的样本分别是5912个和3887个；采用第二种方法度量投资时，投资不足和投资过度的样本分别是6056个和3743个。两种方法下，投资不足的样本都多于投资过度的样本。

从表7－5看，采用两种不同方法度量得到的投资水平 $Invest_1$ 与 $Invest_2$ 的均值在内控有效组和无效组之间的差异不显著，内控有效组的中值在1%水平上显著大于内控无效组。就非效率投资而言，投资不足 $Underinvest_1$、$Underinvest_2$ 的均值在两组之间存在显著差异，但中值的差异则不显著；投资过度 $Overinvest_1$、$Overinvest_2$ 的均值和中值在两组之间均不存在显著差异。

其他变量中，Cash、Size、Age、BM、ROA、Major 的均值和中值在内控有效组和无效组之间存在显著差异。

（二）回归结果

表7－6、表7－7分别是模型（2）和模型（3）的回归结果。表7－6中，被解释变量 $Underinvest_1$ 系模型（1）回归中小于0的残差的绝对值，表7－7中，被解释变量 $Overinvest_1$ 系模型（1）回归中大于0的残差值。在对模型（1）回归时，被解释变量采用第一种投资度量方法，股票收益率采用当年5月初到次年4月底止12个月的收益率。

表7－6中，当用 Tobin's Q 度量成长能力时，无论是否逆米尔斯比率（Mills）控制，财务报告内部控制重大缺陷变量 ICMW 都在1%或5%水平下显著正相关，说明存在内部控制重大缺陷的企业比内部控制有效的公司投资不足更严重，假设1得到验证。逆米尔斯比率（Mills）在1%水平上显著为负，表明二阶段回归很好地克服了内生性问题，从而验证了假

表 7-6　投资不足与财务报告内部控制重大缺陷回归结果

变量	$Underinvest_{1,t}$	$Underinvest_{1,t}$	$Underinvest_{1,t}$	$Underinvest_{1,t}$
$ICMW_t$	0.003***	0.002**	0.003**	0.002*
	(2.65)	(2.21)	(2.41)	(1.89)
$Mills_t$		-0.004***		-0.005***
		(-3.97)		(-4.47)
Q_t	0.001***	0.001***		
	(5.60)	(5.29)		
$Growth_t$			0.004***	0.004***
			(6.03)	(6.12)
$SIZE_t$	-0.001***	-0.001***	-0.002***	-0.002***
	(-6.29)	(-5.25)	(-10.66)	(-8.77)
ROA_t	0.010***	0.015***	0.007*	0.013***
	(2.67)	(3.43)	(1.75)	(2.97)
$Major_t$	0.005***	0.006***	0.005***	0.007***
	(2.60)	(3.50)	(2.69)	(3.70)
Constant	0.059***	0.063***	0.075***	0.079***
	(10.03)	(10.51)	(14.86)	(15.23)
Year	控制	控制	控制	控制
Industry	控制	控制	控制	控制
Observations	5912	5855	5912	5855
Adjusted R-squared	0.0973	0.0990	0.0980	0.100
F	20.90	20.49	21.07	20.81
pvalue	0	0	0	0

注：***、**、*分别表示在1%、5%、10%的水平下显著。

$Underinvest_1$ 系采用模型（1）回归时得到的小于0的残差的绝对值，模型（1）中的 Invest 采用现金流量表中的“购建固定资产、无形资产和其他资产支付的现金”，减去“处置固定资产、无形资产和其他长期资产而收回的现金”，并用期初总资产调整。股票收益率采用当年5月初到次年4月底止12个月的收益率。

表 7-7　　　　投资过度与财务报告内部控制重大缺陷回归结果

变量	$Overinvest_{1,t}$	$Overinvest_{1,t}$	$Overinvest_{1,t}$	$Overinvest_{1,t}$
$ICMW_t$	0.006 *	0.004	0.005	0.004
	(1.71)	(1.05)	(1.47)	(1.10)
$Mills_t$		-0.011 ***		-0.012 ***
		(-3.48)		(-4.05)
Q_t	0.006 ***	0.005 ***		
	(9.63)	(8.26)		
$Growth_t$			0.023 ***	0.022 ***
			(16.93)	(16.57)
$SIZE_t$	0.001	0.001 *	-0.002 ***	-0.001 **
	(1.57)	(1.72)	(-3.20)	(-2.21)
ROA_t	0.069 ***	0.079 ***	0.045 ***	0.058 ***
	(5.31)	(5.67)	(3.50)	(4.24)
$Major_t$	-0.011 **	-0.006	-0.006	-0.002
	(-2.28)	(-1.28)	(-1.38)	(-0.37)
Constant	0.009	0.031 *	0.075 ***	0.090 ***
	(0.55)	(1.85)	(5.13)	(6.03)
Year	控制	控制	控制	控制
Industry	控制	控制	控制	控制
Observations	3887	3872	3886	3872
Adjusted R-squared	0.103	0.0989	0.144	0.144
F	14.91	13.88	21.34	20.75
pvalue	0	0	0	0

注：***、**、*分别表示在1%、5%、10%的水平下显著。

$Overinvest_1$ 系采用模型（1）回归时得到的大于0的残差值，模型（1）中的Invest采用现金流量表中的“购建固定资产、无形资产和其他资产支付的现金”，减去“处置固定资产、无形资产和其他长期资产而收回的现金”，并用期初总资产调整。股票收益率采用当年5月初到次年4月底止12个月的收益率。

设1。当用营业收入增长率度量企业成长能力时，在用逆米尔斯比率（Mills）控制前，财务报告内部控制重大缺陷变量ICMW在5%水平下显著正相关；在加入逆米尔斯比率（Mills）后，财务报告内部控制重大缺陷变量ICMW在10%水平上显著正相关，仍然支持假设1。

表7-6的控制变量中，Size在1%水平上显著为负，与预期一致，说明规模大的公司更不可能出现投资不足。这可能是因为规模大的公司，无论是投资的资金来源还是投资渠道都更广，面临的投资不足问题较轻。度量成长机会的Q或Growth显著为正，可能是因为有较高成长机会的企业融资需求更高，相对来说更难以实现高成长所需的投资需求。度量盈利能力的ROA显著为正，可能是因为盈利能力越强的公司的投资机会越多，相对而言面临的投资不足更严重。第一大持股比例Major在1%水平上显著为正，可能是因为其掏空上市公司的动机导致企业投资所需资金得不到满足。

从表7-7可以看到，财务报告内部控制重大缺陷变量ICMW的系数仅在用Tobin's Q度量成长能力时在10%水平上显著为正，与假设2的预测相符，但在加入逆米尔斯比率后则不显著。这表明，财务报告内部控制重大缺陷的公司投资过度情况比财务报告内控有效的公司严重，这是因为样本内生性导致的，在克服了内生性问题后，就观察不到这种现象了。在用Growth度量成长能力时，无论是否加入逆米尔斯比率，ICMW的系数都不显著。这说明，对于投资过度的公司，财务报告内部控制重大缺陷存在与否与过度投资的相关性不显著，即假设2没有得到验证。

（三）稳健性检验

如前文所述，我们度量投资时，采用现金流量表中“购建固定资产、无形资产和其他长期资产支付的现金”，减去“处置固定资产、无形资产和其他长期资产而收回的现金”。我们采用不同方式度量投资水平，为模型（2）和模型（3）的检验结果提供进一步的证据。对采用不同度量方式得到的投资水平，首先按照模型（1）进行回归：残差小于0的样本为投资不足，按照模型（2）对残差的绝对值进行回归；残差大于0的样本为投资过度，按照模型（3）对于残差值进行回归。

我们直接采用现金流量投资活动中“购建固定资产、无形资产和其他长期资产支付的现金”来衡量投资支出水平（辛清泉等，2007），检验结果如表7－8和表7－9所示。

模型（1）在采用Richardson（2006）的方法对无效率投资回归时，股票收益率为当年5月初到次年4月底的年收益率。我们将模型（1）中的股票年收益率用1月初到12月底的股票年收益率替换，得到投资不足和投资过度时再按照模型（2）和模型（3）进行回归，结果如表7－10、表7－11所示。

可以看到，在对投资不足进行回归时，表7－8、表7－10中的解释变量ICMW、逆米尔斯比率（Mills）的系数与表7－6一致，即检验结果支持假设1。

在对投资过度进行回归时，表7－9、表7－11中的解释变量ICMW、逆米尔斯比率（Mills）的系数与表7－7一致，即检验结果不支持假设2。

在按照模型（1）对两种度量方式得到的投资水平进行回归时，我们还将模型中的股票收益率按照年度收益率进行了调整。对模型（1）得到的小于0的残差的绝对值（投资不足）和大于0的残差值（投资过度）分别按照模型（2）和模型（3）回归，得到的结果与表7－6、表7－7一致，即支持假设1，但不支持假设2。由于篇幅所限，我们未报告相关的描述性统计和回归结果。

表 7-8　　投资不足与财务报告内部控制重大缺陷回归结果

变量	$Underinvest_{2,t}$	$Underinvest_{2,t}$	$Underinvest_{2,t}$	$Underinvest_{2,t}$
$ICMW_t$	0.002**	0.002*	0.002**	0.002*
	(2.24)	(1.93)	(2.11)	(1.74)
$Mills_t$		-0.003***		-0.004***
		(-2.86)		(-3.32)
Q_t	0.001***	0.001***		
	(5.05)	(4.83)		
$Growth_t$			0.002***	0.002***
			(3.26)	(3.36)
$SIZE_t$	-0.001***	-0.001***	-0.002***	-0.002***
	(-5.55)	(-4.80)	(-9.51)	(-8.04)
ROA_t	0.016***	0.020***	0.014***	0.020***
	(4.16)	(4.61)	(3.68)	(4.51)
$Major_t$	0.004**	0.005***	0.003**	0.005***
	(2.01)	(2.64)	(1.97)	(2.71)
Constant	0.053***	0.056***	0.069***	0.071***
	(8.81)	(9.17)	(13.20)	(13.48)
Year	控制	控制	控制	控制
Industry	控制	控制	控制	控制
Observations	6056	5997	6056	5997
Adjusted R-squared	0.0845	0.0857	0.0822	0.0839
F	18.46	18.03	17.96	17.63
pvalue	0	0	0	0

注：***、**、*分别表示在1%、5%、10%的水平下显著。

$Underinvest_2$ 系采用模型（1）回归时得到的小于0的残差的绝对值。模型（1）中的Invest采用现金流量表中的“购建固定资产、无形资产和其他资产支付的现金”，并用期初总资产调整。股票收益率采用当年5月初到次年4月底止12个月的收益率。

表 7-9　　投资过度与财务报告内部控制重大缺陷回归结果

变量	$Overinvest_{2,t}$	$Overinvest_{2,t}$	$Overinvest_{2,t}$	$Overinvest_{2,t}$
$ICMW_t$	0.007*	0.004	0.006*	0.005
	(1.96)	(1.25)	(1.86)	(1.38)
$Mills_t$		-0.014***		-0.015***
		(-4.35)		(-4.92)
Q_t	0.007***	0.007***		
	(11.25)	(9.95)		
$Growth_t$			0.024***	0.023***
			(17.05)	(16.71)
$SIZE_t$	-0.000	0.000	-0.003***	-0.002***
	(-0.24)	(0.19)	(-5.74)	(-4.49)
ROA_t	0.052***	0.065***	0.039***	0.055***
	(3.79)	(4.40)	(2.91)	(3.82)
$Major_t$	-0.012**	-0.006	-0.008*	-0.002
	(-2.38)	(-1.16)	(-1.67)	(-0.42)
Constant	0.041**	0.066***	0.114***	0.133***
	(2.48)	(3.86)	(7.73)	(8.75)
Year	控制	控制	控制	控制
Industry	控制	控制	控制	控制
Observations	3743	3730	3742	3730
Adjusted R-squared	0.124	0.121	0.158	0.160
F	17.50	16.49	22.95	22.60
pvalue	0	0	0	0

注：***、**、*分别表示在1%、5%、10%的水平下显著。

$Overinvest_2$ 系采用模型（1）回归时得到的大于0的残差值，模型（1）中的 Invest 采用现金流量表中的“购建固定资产、无形资产和其他资产支付的现金”，并用期初总资产调整。股票收益率采用当年5月初到次年4月底止12个月的收益率。

表 7-10　投资不足与财务报告内部控制重大缺陷回归结果

变量	$Underinvest_{3,t}$	$Underinvest_{3,t}$	$Underinvest_{3,t}$	$Underinvest_{3,t}$
$ICMW_t$	0.003***	0.003**	0.003***	0.003**
	(2.95)	(2.55)	(2.84)	(2.40)
$Mills_t$		-0.004***		-0.004***
		(-3.54)		(-3.80)
Q_t	0.001***	0.000***		
	(2.86)	(2.66)		
$Growth_t$			0.002***	0.002***
			(2.65)	(2.76)
$SIZE_t$	-0.002***	-0.002***	-0.002***	-0.002***
	(-8.23)	(-7.24)	(-11.26)	(-9.61)
ROA_t	0.014***	0.019***	0.012***	0.018***
	(3.54)	(4.19)	(3.11)	(3.99)
$Major_t$	0.003*	0.005**	0.003*	0.005***
	(1.72)	(2.54)	(1.74)	(2.62)
Constant	0.071***	0.075***	0.080***	0.083***
	(11.75)	(12.19)	(15.26)	(15.64)
Year	控制	控制	控制	控制
Industry	控制	控制	控制	控制
Observations	5912	5855	5912	5855
Adjusted R-squared	0.0931	0.0952	0.0930	0.0953
F	19.97	19.66	19.93	19.68
pvalue	0	0	0	0

注：***、**、*分别表示在1%、5%、10%的水平下显著。

$Underinvest_3$ 系采用模型（1）回归时得到的小于0的残差的绝对值。模型（1）中的 Invest 采用现金流量表中的"购建固定资产、无形资产和其他资产支付的现金"，减去"处置固定资产、无形资产和其他长期资产而收回的现金"，并用期初总资产调整。股票收益率采用1月初到12月底的收益率。

表 7－11　　投资过度与财务报告内部控制重大缺陷回归结果

变量	$Overinvest_{3,t}$	$Overinvest_{3,t}$	$Overinvest_{3,t}$	$Overinvest_{3,t}$
$ICMW_t$	0.006*	0.004	0.005	0.004
	(1.71)	(1.05)	(1.53)	(1.13)
$Mills_t$		−0.012***		−0.014***
		(−3.87)		(−4.50)
Q_t	0.006***	0.006***		
	(10.61)	(9.26)		
$Growth_t$			0.023***	0.023***
			(17.14)	(16.76)
$SIZE_t$	0.001	0.001	−0.002***	−0.002***
	(1.28)	(1.55)	(−4.01)	(−2.87)
ROA_t	0.073***	0.085***	0.050***	0.065***
	(5.59)	(6.05)	(3.92)	(4.76)
$Major_t$	−0.012**	−0.007	−0.008*	−0.003
	(−2.53)	(−1.43)	(−1.69)	(−0.54)
Constant	0.016	0.039**	0.088***	0.105***
	(0.97)	(2.30)	(6.07)	(7.03)
Year	控制	控制	控制	控制
Industry	控制	控制	控制	控制
Observations	3887	3872	3886	3872
Adjusted R－squared	0.113	0.109	0.150	0.151
F	16.43	15.39	22.47	21.94
pvalue	0	0	0	0

注：***、**、*分别表示在1%、5%、10%的水平下显著。

$Overinvest_3$ 系采用模型（1）回归时得到的大于0的残差值，模型（1）中的 Invest 采用现金流量表中的“购建固定资产、无形资产和其他资产支付的现金”，减去“处置固定资产、无形资产和其他长期资产而收回的现金”，并用期初总资产调整。股票收益率为1月初到当年12月底的收益率。

从表7－4可以看到，60%左右的上市公司存在投资不足问题，40%左右的上市存在投资过度问题。也就是说，我国上市公司的无效率投资更多是投资不足，其背后的主要原因是融资约束（连玉君和苏治，2009）。在这种大的背景下，管理层往往需要投入很多资源才能得到预期收益较好的项目，这些项目通常都会得到董事会、股东大会放行，需要通过资本市场融资的项目也容易得到监管机构的批准，尤其是那些获得产业政策支持或地方政府扶持的项目。在这种情况下，投资过度与内部控制相关性可能不显著。另外，IPO或再融资成功后，公司募集资金往往需要按照预定的投向和进度花出去，即使存在内控重大缺陷，也可能不会对项目按计划推进造成影响。以上分析可能解释了为什么内部控制重大缺陷与投资过度的相关性不显著。

六、本章小结

我们以2011—2019年度强制披露内部控制审计报告和自我评价报告的A股上市公司为研究对象，将被出具否定意见或无法表示意见的内部控制审计报告、内部控制评价报告中披露存在财务报告内部控制重大缺陷、发生财务重述或因财务会计违规问题被监管机处罚认定为存在财务报告内部控制重大缺陷，研究了财务报告内部控制重大缺陷与投资效率的关系。结果表明，相比财务报告内部控制有效的公司，存在财务报告内部控制重大缺陷的公司更容易产生投资不足；而投资过度则与内部控制重大缺陷不存在显著的相关关系。我们的研究表明，有效的内部控制有助于抑制投资不足，但对于投资过度的抑制作用却不显著。我们分析了内部控制无法有效抑制投资过度的可能原因，但尚有待进一步的研究加以检验。

第八章　内部控制重大缺陷与融资约束

一、引言

按照 Myers 和 Majluf（1984）的不完美市场下的融资优序理论，由于企业内外信息不对称的存在，企业从外部融资的成本要高于内部资本的成本，内外部融资成本的差异，即企业面临的融资约束的程度，与信息不对称的程度正相关。有效的财务报告内部控制能够提高企业会计信息的质量，降低外部投资者决策时的信息不对称，缓解企业面临的融资约束问题。相反，财务报告内部控制存在重大缺陷的公司，则可能面临更高的融资约束。

本章以《企业内部控制基本规范》及其配套指引实施后 2011—2019 年度强制披露内部控制审计报告和评价报告的 A 股上市公司为对象，将发生下列情形之一认定为存在财务报告内部控制重大缺陷：财务报告内部控制被出具否定审计意见或无法表示意见、内部控制评价报告中披露存在财务报告内部控制重大缺陷、发生财务重述、被监管机构针对财务会计违规问题而予以处罚。采用 Heckman 两阶段回归控制内生性，本章的检验结果发现，存在财务报告内部控制重大缺陷的公司面临的融资约束程度显著高于其他公司。

本章第二部分是文献回顾，第三部分是研究假设、变量定义和模型设计，第四部分是数据来源及样本选择，第五部分是描述性统计及检验结果，最后一部分是结论。

二、文献回顾

本章首先回顾关于融资约束的研究，然后梳理内部控制与融资约束的相关研究。

1. 融资约束

按照 Myers 和 Majluf（1984）的不完美市场下的融资优序理论，由于企业内外部信息不对称的存在，企业从外部融资的成本要高于内部资本的成本。这种外部融资成本高于内部的现象被称为融资约束。企业内外部融资成本的差异，即企业面临的融资约束的程度。Kaplan 和 Zingales（1997）通过实证检验发现美国上市公司从内部和外部获得的融资的成本不同，即企业往往需要为外部资金付出更高的溢价。因此，减少企业内外部之间信息不对称，从而降低外部融资成本，成为缓解企业融资约束的有效手段。

融资约束的度量方法，主要包括 Fazzari 等（1988）提出的投资—现金流敏感性模型、Almeida 等（2004）提出的现金—现金流敏感性模型、Kaplan 和 Zingales（1997）提出的融资约束指数，以及基于单一企业特征指标的度量方法。Fazzari 等（1988）提出了投资—现金流敏感性模型。其中“投资”指的是企业的资本支出，“现金流”指经营活动现金流。按照投资—现金流敏感性模型，投资—现金流敏感性与融资约束水平呈正相关。Almeida 等（2004）提出的现金—现金流敏感性模型在投资—现金流敏感性模型基础上进行了改进，认为企业现金—现金流敏感性系数越高，融资约束就越强。原因在于，由于存在信息不对称，企业外部融资成本高于内部融资成本，企业往往通过内部融资来满足未来经营和投资活动的需求。也就是说，当企业面临更高的融资约束时，企业就会更加倾向于从现金流中提取现金，以备未来经营和投资之需。Kaplan 和 Zingales（1997）以经营性现金流、现金持有量、现金股利、成长性、负债程度等因素作为度量融资约束程度的代理变量，建立了 KZ 融资约束指数。

一些研究给出了中国上市公司存在融资约束的证据。汪伟等（2013）、邓可斌和曾海舰（2014）等给出了我国企业存在融资约束的实证证据。关于融资约束的度量，张新民等（2017）、程小可等（2013）采用投资—现金流敏感性模型度量融资约束；潘越等（2019）采用了 KZ 指数，张纯和吕伟（2007）、朱凯和陈信元（2009）、顾奋玲和解角羊（2018）、戴经纬和李连军（2014）、董育军和丁白杨（2015）、樊后裕和丁友刚（2016）采用了现金—现金流敏感性模型度量融资约束。姜付秀等（2016）同时采用了 KZ 指数和 SA 指数。姜付秀等（2019）则采用了投资—现金流敏感性、KZ 指数和 SA 指数。

2. 内部控制与融资约束

低质量的内部控制可能对股东的决策产生负面影响，导致较高的股权资本成本。Beneish 等（2008）；Hammersley 等（2008），Hammersley，Myers 和 Shakespeare（2008），以及 Ashbaugh - Skaife 等（2009）均发现存在财务报告内部控制重大缺陷的公司的股权资本成本更高。与此同时，Ogneva 等（2007）则发现财务报告内部控制存在重大缺陷对股权资本成本没有影响。

低质量的内部控制可能对债权人的决策产生负面影响，导致较高的债务资本成本。Schneider 和 Church（2008）发现，低质量内部控制导致债权人担忧公司会计信息质量可靠性并因此担忧公司发展前景存在较大不确定性，从而影响信贷风险评估结果。Costello 和 Wittenberg - Moerman（2011）发现财务报告内部控制重大缺陷增加了公司信誉的不确定性，债务代理成本和贷款监督成本提高，从而导致贷款成本提高。El－Mahdy 和 Park（2014）研究了内部控制缺陷披露与美国二级贷款市场的买卖价差，发现低质量内部控制与信息不对称呈正相关关系。Park 等（2017）发现，在市政债券市场，内部控制缺陷与市政债券的高借贷成本有关。

以中国 A 股上市公司为对象的一些研究提供了中国上市公司内部控制与融资约束相关关系的实证证据。廖秀梅（2007）发现，会计信息可以降低信贷决策中的信息不对称。李晓慧和杨子萱（2013）发现，企业内部控制质量越高，越容易获得债务资本、债务资本成本越低、越容易获得较长的债务期限。程小可等（2013）通过投资—现金流敏感性模型对 2009—2011 年沪深 A 股主板上市公司进行检验，发现高水平的内部控制能够有效缓解融资约束，同时高水平内部控制与银企关联之间存在替代机制，即银行关联企业更多地借助于银行资源来降低其融资约束水平，而非银行关联企业会更多通过提高内部控制水平以降低信息不对称，从而缓解融资约束。戴经纬和李连军（2014）以 2005—2012 年沪深 A 股上市公司为研究对象，基于现金—现金流敏感性视角研究了内部控制与会计稳健性对企业融资约束的影响效应，发现会计稳健性水平的提高有助于缓解企业的融资约束，内部控制水平的提高也有助于缓解融资约束，内部控制与会计稳健性在缓解融资约束方面存在一定的替代效应。董育军和丁白杨（2015）利用沪深 A 股上市公司 2007—2010 年的数据，研究了内部控制质量和融资约束的关系，以及所有权性质对内部控制和融资约束关系的影响，发现内部控制能够缓解上市公司面临的融资约束，即上市公司的内部控制质量越高，其融资约束水平越低；与国有企业相比，内部控制缓解民有企业融资约束效果更显著。樊后裕和丁友刚（2016）采用 2009—2013 年沪深 A 股上市公司数据，检验了内部控制对融资约束的影响与作用机制，发现企业的内部控制质量与融资约束显著负相关，内部控制及各要素质量越高，企业受到的融资约束越小；在同等条件下，与国有企业相比，在非国有企业中内部控制对融资约束的影响更大。王丽平等（2015）以2005—2011年沪深上市公司为样本，检验了内部控制对恶性增资的抑制作用，发现高质量的内部控制有利于抑制恶性增资行为：融资约束越低，恶性增资越严重；在抑制恶性增资作用上，融资约束与内部控制具有替代效应。顾奋玲和解角羊（2018）以2013—2017年沪深A股主板上市公司为样本，检验了内部控制缺陷对融资约束的影响，发现存在内部控制缺陷的企业与不存在内部控制缺陷的企业相比，前者有较高的融资约束，并且随着企业内部控制缺陷程度的增加，企业将面临更高的融资约束。

上述以中国A股上市公司为对象的研究都发现内部控制质量越高，企业面临的融资约束就越小，相应地，存在内控缺陷的公司往往也就面临更高的融资约束水平。但是上述研究的样本时间范围除顾奋玲和解角羊（2018）外都在2014年企业内部控制规范体系全面实施前，对内部控制质量的度量通常采用迪博内部控制指数，对内部控制缺陷的认定通常限于企业披露的内部控制自我评价报告或内控审计报告。

三、研究假设、变量定义和模型设计

（一）研究假设

根据财政部、证监会、审计署、银监会、保监会《关于印发企业内部控制配套指引的通知》（2010年4月15日，财会〔2010〕11号），《企业内部控制基本规范》及其配套的《企业内部控制应用指引》《企业内部控制审计指引》《企业内部控制评价指引》自2011年1月1日起在境内外同时上市的公司施行，自2012年1月1日起在上海证券交易所、深圳证券交易所主板上市公司施行。根据财政部、证监会发布的《关于2012年主板上市公司分类分批实施企业内部规范体系的通知》（2012年8月14日，财办会〔2012〕30号）的规定，所有主板上市公司，应在披露2014年公司年报的同时，披露董事会对公司内部控制的自我评价报告以及注册会计师出具的财务报告内部控制审计报告。

在《企业内部控制基本规范》及其配套指引实施前，A股上市公司在特定情形下，如IPO时须由注册会计师出具内部控制鉴证报告。从对内部控制的保证程度看，内部控制鉴证业务一般是审核而非审计，而审核的保证程度弱于审计；从注册会计师依据的内部控制标准看，《企业内部控制基本规范》及其配套指引实施前通常采用财政部2001年发布的《内部会计控制规范——基本规范（试行）》，其要求低于《企业内部控制基本规范》及其配套的《企业内部控制应用指引》。

按照《企业内部控制基本规范》，内部控制的目标是合理保证企业经营管理合法合规、资产安全、财务报告及相关信息真实完整，提高经营效率和效果，促进企业实现发展战略。其中，与财务报告及其相关信息真实完整相关的内部控制为财务报告内部控制。按照《企业内部控制审计指引》，注册会计师应当对财务报告内部控制的有效性发表审计意见，并对内部控制审计过程中注意到的非财务报告内部控制的重大缺陷，在内部控制审计报告中增加“非财务报告内部控制重大缺陷描述段”予以披露。按照《企业内部控制评价指引》，企业应在内部控制评价报告中披露内部控制缺陷及其认定情况、内部控制有效性结论等。

如果财务报告内部控制存在重大缺陷，则表明企业财务报告内部控制未能实现其合理保证财务报告及相关信息真实完整的目标，即财务报告的可靠性难以得到保证，财务报告无法有效缓解企业管理层与外部股东及债权人之间的信息不对称，这会对股东和债权人的决策产生负面影响，无疑会提高企业进行股权融资及债权融资的成本，即提高企业的融资约束。对境外上市公司的研究文献中，Beneish 等（2008），Ashbaugh - Skaife 等（2009）均发现存在财务报告内部控制重大缺陷的公司的股权资本成本更高；Schneider 和 Church（2008）、Costello 和 Wittenberg - Moerman（2011）、Park 等（2017）等均发现存在财务报告内部控制重大缺陷的公司的债务成本提高。在对中国 A 股上市公司的研究文献中，程小可等（2013）、戴经纬和李连军（2014）、董育军和丁白杨（2015）、樊后裕和丁友刚（2016）、顾奋玲和解角羊（2018）等均发现高质量的内部控制可以缓解融资约束。基于此，本章提出如下假设：

假设：与不存在内部控制重大缺陷的公司相比，存在内部控制重大缺陷的公司的融资约束程度更高。

（二）变量定义

1. 财务报告内部控制重大缺陷度量

沿用第五章、第六章、第七章的做法，将存在下列情形之一者认定为财务报告内部控制存在重大缺陷：

（1）被出具否定意见或无法表示意见内部控制审计报告。

（2）内部控制评价报告中披露存在财务报告内部控制重大缺陷。

（3）已公布的财务报表因存在重大会计差错而被更正，即发生财务重述。我们将发生重大会计差错更正即财务重述的公司的重述年度视为存在财务报告内部控制重大缺陷。

（4）因财务会计违规问题被监管机构处罚。我们将因财务会计问题被证监会处罚、立案调查，及被上交所或深交所纪律处分的公司财务会计问题涉及年度视为存在财务报告内控重大缺陷。

2. 融资约束程度的度量

本章采用KZ指数和现金—现金流敏感性模型度量上市公司融资约束程度。

按照Kaplan和Zingales（1997）提出的KZ指数的估算方法，参考魏志华等（2014）的做法，本文对KZ指数的估算过程如下。

（1）计算所有样本的经营活动现金净流量/期初总资产（CFO_{it}/TA_{it-1}）、现金持有量/期初总资产（$Cash_{it}/TA_{it-1}$）、现金股利发放量/期初总资产（DIV_{it}/TA_{it-1}）、资产负债率（LEV_{it}）和 $Tobin's\ Q(Q_{it})$。（2）分年度比较上述变量与其中位数：对于CFO_{it}/TA_{it-1}、$Cash_{it}/TA_{it-1}$和DIV_{it}/TA_{it-1}而言，低于中位数则KZ_{CFO}、KZ_{CASH}、KZ_{DIV}分别取1，否则为0；对LEV_{it}和Q_{it}而言，高于中位数则KZ_{LEV}、KZ_{Q}分别取1，否则为0。（3）计算KZ值，按照公式$KZ = KZ_{CFO} + KZ_{CASH} + KZ_{DIV} + KZ_{LEV} + KZ_{Q}$得到每家公司的KZ值。（4）估算KZ指数。采用排序逻辑回归模型，将KZ值作为因变量对CFO_{it}/TA_{it-1}、$Cash_{it}/TA_{it-1}$、DIV_{it}/TA_{it-1}、LEV_{it}和Q_{it}回归，得到各变量的回归系数，然后利用该模型计算出每个样本的KZ指数。KZ指数与融资约束程度呈正相关关系，越大则意味着公司面临的约束程度越高。

在采用排序逻辑回归模型估算KZ指数时，我们首先不分行业和年度回归，然后控制行业和年度回归。另外，对于现金持有量，我们首先采用资产负债表中货币资金项目的期末数，在稳健性检验中则采用现金流量表中现金及现金等价物的期末数。

借鉴Almeida等（2004）、张纯和吕伟（2007）、朱凯和陈信元（2009）、顾奋玲和解角羊（2018）、戴经纬和李连军（2014）、董育军和丁白杨（2015）、樊后裕和丁友刚（2016）等文献，本章同时采用现金—现金流敏感性模型度量融资约束。本章首先将现金界定为资产负债表中的货币资金。在稳健性检验部分，我们将现金界定为现金流量表中的现金及现金等价物。具体模型详见下文。

（三）模型设计

为了检验假设，本章以估算出来的每个样本公司的年度 KZ 指数为被解释变量，建立如下模型：

$$KZ = \beta_0 + \beta_1 ICMW + \beta_2 Growth + \beta_3 Size + \beta_4 Loss + \beta_5 PPE + \beta_6 Risk + \sum Industry + \sum Year \quad (1)$$

模型（1）中，KZ 是采用前述方法估计的样本公司的融资约束程度，越大则意味着公司面临的约束程度越高。ICMW 是解释变量，当公司被出具否定意见或无法内部控制审计报告表示意见、内部控制评价报告中披露存在财务报告内部控制重大缺陷、发生财务重述、或因财务会计违规问题被监管机构处罚时为 1，否则取 0。借鉴魏志华等（2014）的方法，在模型中加入 Size、Loss、PPE、Risk 作为控制变量，具体含义见表 8 - 1。预计 ICMW 的系数显著为正，即融资约束程度与财务报告内部控制重大缺陷正相关。

借鉴 Almeida 等（2004）、顾奋玲和解角羊（2018）、戴经纬和李连军（2014）、董育军和丁白杨（2015）、樊后裕和丁友刚（2016），本章也同时采用现金—现金流模型度量的扩展模型：

$$\Delta CASH = \beta_0 + \beta_1 ICMW + \beta_2 ICMW \times CFO + \beta_3 CFO + \beta_4 Size + \beta_5 INV + \beta_6 \Delta NCWC + \beta_7 \Delta ShortDebt + \sum Industry + \sum Year \quad (2)$$

模型（2）中，我们关注的是交乘项 $ICMW \times CFO$ 的回归系数β_2，如果显著为正，则表明内部控制缺陷与融资约束之间存在显著的正相关关系，即存在内部控制缺陷的企业将面临更高的融资约束；如果显著为负，则表明内部控制缺陷与融资约束之间存在显著的负相关关系，即存在内部控制缺陷的企业的融资约束程度更低。我们预计β_2显著为正。

表 8－1　　　　变量含义

变量符号	变量含义
估计 KZ 指数相关变量：	
CFO	t 年经营活动现金净流量除以 t－1 年末总资产。
CASH	t 年末资产负债表货币资金项目余额除以 t－1 年末总资产。
DIV	t 年现金股利支付金额除以 t－1 年末总资产。
LEV	t 年末资产负债率。
Q	T 年末的 Tobin's Q。
财务报告内部控制重大缺陷与融资约束相关性模型相关变量：	
KZ	t 年末的 KZ 指数。按照 Kaplan 和 Zingales（1997）模型估计时，CASH 采用资产负债表货币资金项目余额除以 t－1 年末总资产，并按照控制行业和年度、不控制行业和年度分别回归。稳健性检验部分，CASH 采用现金流量表中的现金及现金等价物除以 t－1 年末总资产，并按照控制行业和年度、不控制行业和年度分别回归。
ICMW	t－1 年存在下列情形之一者取 1：（1）被出具否定意见或无法表示意见内部控制审计报告；（2）内部控制评价报告中披露存在财务报告内部控制重大缺陷；（3）已公布的财务报表因存在重大会计差错而被更正，即发生财务重述；（4）因财务会计违规问题被监管机构处罚。否则取 0。
Growth	t 年营业收入增长率。t 年营业收入与 t－1 年营业收入之差除以 t－1 年营业收入。
Size	t 年末总资产自然对数。
Loss	t 年归属于母公司股东净利润亏损为 1，否则为 0。
PPE	t 年末存货、固定资产、在建工程合计除以 t－1 年末总资产。
Risk	公司当年的日市场收益率的标准差。
ΔCASH	资产负债表中货币资金项目 t 年年末与年初余额之差除以 t－1 年末总资产。稳健性检验部分为现金流量表中的现金及现金等价物除以 t－1 年末总资产。
CFO	t 年经营活动现金净流量与 t－1 年末总资产之比。
INV	t 年现金流量表中“购建固定资产、无形资产和其他资产支付的现金”金额与“处置固定资产、无形资产和其他长期资产而收回的现金”金额之差，除以 t－1 年末总资产。

续表

变量符号	变量含义
ΔNCWC	t 年末非现金净营运资本（Non - Cash Working Capital）变化，用资产负债表中“应收账款 + 应收票据 + 预付账款 + 其他应收款 + 合同资产 + 应收款项融资 + 存货 - （应付账款 + 应付票据 + 其他应付款 + 应交税费 + 应付职工薪酬）”t 年末与 t - 1 年余额之差，除以 t - 1 年末总资产。
ΔShortDebt	t 年末流动负债变化，资产负债表“流动负债合计”项目 t 年与 t - 1 年余额之差，除以 t - 1 年末总资产。
Industry	行业哑变量。行业分类按照证监会 2001 年《上市公司行业分类指引》。因制造业公司较多，制造业取前两位代码，其他行业取首位代码。
Year	年度哑变量。
Heckman 两步法模型相关变量：	
ICMW	t 年存在下列情形之一者取 1：（1）被出具否定意见或无法表示意见内部控制审计报告；（2）内部控制评价报告中披露存在财务报告内部控制重大缺陷；（3）已公布的财务报表因存在重大会计差错而被更正，即发生财务重述；（4）因财务会计违规问题被监管机构处罚。否则取 0。
Size	t - 1 年末总资产自然对数。
Growth	t - 1 年营业收入增长率。t - 1 年营业收入与 t - 1 年营业收入之差除以 t - 2 年营业收入。
Age	上市年份到 t - 1 年末的年数取自然对数。
LEV	t - 1 年末资产负债率。
Loss	t - 1 年归属于母公司股东净利润亏损为 1，否则为 0。
Big4	t - 1 年财务报表审计师为“四大”会计师事务所时为 1，否则为 0。
InventoryPct	t - 1 年末存货占总资产百分比。
Segment	t - 1 年合并财务报表中业务分部和地区分部合计数的自然对数。
M&A	年度哑变量，配股当年为 1，否则为 0。配股前三年可能存在的提高利润的盈余管 t - 1 年度正在进行重大资产重组为 1，否则为 0。
Industry	行业哑变量。行业分类按照证监会 2001 年《上市公司行业分类指引》。因制造业公司较多，制造业取前两位代码，其他行业取首位代码。
Year	年度哑变量。

借鉴 Almeida 等（2004），模型中除了 CFO 外，还加入了控制变量 Size、INV、ΔNCWC、ΔShortDebt，具体含义见表 8-1。

为了控制与内部控制体系相关样本的选择偏误或内生性，本书采取了 Heckman 两阶段回归方法。参考 Doyle 等（2007）的方法，在第一阶段回归中，采用模型（3）估计公司存在财务报告内部控制重大缺陷并披露的可能性：

$$ProbitICMW = \beta_0 + \beta_1 Size + \beta_2 Age + \beta_3 Growth + \beta_4 LEV + \beta_5 Loss + \beta_6 InventoryPct + \beta_7 Big4 + \beta_8 Segment + \beta_9 M\&A + \sum Industry + \sum Year \quad (3)$$

在求出逆米尔斯比率（Mills）后，将其代入模型（1）和模型（2）作为控制变量。

模型中的变量及其具体含义见表 8-1。

四、数据来源及样本选择

（一）数据来源

本书研究中所用的上市公司数据来自 CSMAR 数据库。其中，财务数据来自财务报表数据库，财务报告内部控制与审计数据来自内部控制数据库，财务违规和财务重述数据来自审计研究数据库，股票收益率来自股票市场交易数据库，托宾 Q 等数据来自财务指标分析数据库，数据起止时间为 2011—2019 年。

（二）样本选择

根据财政部、证监会、审计署、银监会、保监会《关于印发企业内部控制配套指引的通知》（2010 年 4 月 15 日，财会〔2010〕11 号）的规定，《企业内部控制基本规范》及其配套指引自 2011 年 1 月 1 日起在境内外同时上市的公司施行，自 2012 年 1 月 1 日起在上海证券交易所、深圳证券交易所主板上市公司施行；在此基础上，择机在中小板和创业板上市公司施行。

按照财政部、证监会发布的《关于 2012 年主板上市公司分类分批实施企业内部规范体系的通知》（2012 年 8 月 14 日，财办会〔2012〕30 号）的规定，（1）中央和地方国有控股上市公司应于 2012 年全面实施企业内部控制规范体系，并在披露 2012 年公司年报的同时，披露董事会对公司内部控制的自我评价报告以及注册会计师出具的财务报告内部控制审计报告；（2）非国有控股主板上市公司，且于 2011 年 12 月 31 日公司总市值（证监会算法）在 50 亿元以上，同时 2009—2011 年平均净利润在 3000 万元以上的，应在披露 2013 年公司年报的同时，披露董事会对公司内部控制的自我评价报告以及注册会计师出具的财务报告内部控制审计报告；（3）其他主板上市公司，应在披露 2014 年公司年报的同时，披露董事会对公司内部控制的自我评价报告以及注册会计师出具的财务报告内部控制审计报告。此外，按照上海证券交易所、深圳证券交易所的规定，新上市的公司应当在上市的下一年度年报披露的同时，披露内控评价报告和内控审计报告。

按照我们定义的财务报告内部控制重大缺陷度量方式，得到 2011—2019 年度财务报告内部控制重大缺陷样本，如表 8-2 所示。

研究中剔除了当年新上市的公司以消除由于上市融资、公司规模和股本结构发生较大变化而对财务指标产生的影响；剔除了金融、保险行业公司，以及股价数据缺失的公司。行业分类依据为证监会 2001 年发布的《上市公司行业分类指引》。考虑到回归可操控性应计利润对样本量的要求，除制造业以行业次类（前两位代码）为准以外，其余以行业大

表 8-2　　筛选前的财务报告内部控制重大缺陷样本

年份	内控审计否定或无法表示意见	内控自我评价无效	发生财务重述	因财务违规被监管机构处罚	财务报告内部控制存在重大缺陷
2011	1	1	0	4	5
2012	2	1	0	44	44
2013	10	5	1	43	50
2014	22	19	2	58	75
2015	14	9	4	68	79
2016	22	16	10	78	95
2017	35	29	12	65	96
2018	52	48	6	57	96
2019	70	60	0	29	87
合计	228	188	35	446	627

注：按照两种或以上情形被认定存在内部控制重大缺陷的公司在汇总时只计算一次。

类（一位代码）为准。为了避免极端值的影响，在估计 KZ 指数，以及在对模型进行回归时，对连续变量按年度进行了 Winsorize 处理，将小于 1% 和大于 99% 的数据用 1% 和 99% 分位数代替。最终样本如表 8-3 所示。

表 8-3　　筛选后的内部控制重大缺陷样本

年份	内控审计否定或无法表示意见	内控自我评价无效	发生财务重述	因财务违规被监管机构处罚	财务报告内部控制存在重大缺陷
2011	1	1	0	4	5
2012	2	1	0	44	44
2013	10	5	1	41	48
2014	22	19	2	56	73
2015	14	9	4	66	77
2016	22	16	10	77	94
2017	35	29	12	64	95
2018	52	48	6	57	96
2019	68	58	0	29	85
合计	226	186	35	438	617

注：按照两种或以上情形被认定存在内部控制重大缺陷的公司在汇总时只计算一次。

五、描述性统计及检验结果

（一）描述性统计

表8－4是研究中用到的变量的描述性统计，表8－5给出了财务报告内部控制无效组与有效组比较的检验结果。

表8－4 **描述性统计**

变量	样本量	均值	标准差	最小值	25分位数	50分位数	75分位数	最大值
CFO	11277	0.048	0.785	－71.611	0.005	0.048	0.095	35.129
CASH	11277	0.249	2.309	0.000	0.087	0.146	0.237	204.093
DIV	11277	0.014	0.055	0.000	0.000	0.006	0.017	5.256
LEV	11287	0.518	0.763	－0.195	0.337	0.500	0.657	63.971
Q	10949	2.360	10.689	0.153	1.137	1.456	2.134	729.629
KZ_1	10940	1.304	2.476	－9.318	－0.111	1.560	2.932	10.821
KZ_2	10940	0.540	2.608	－10.076	－0.995	0.782	2.244	10.057
ICMW	11287	0.055	0.227	0.000	0.000	0.000	0.000	1.000
Growth	11271	12.581	1268.055	－1.000	－0.052	0.071	0.215	134607.058
Size	11287	22.651	1.497	14.942	21.690	22.541	23.551	28.636
Loss	11287	0.115	0.320	0.000	0.000	0.000	0.000	1.000
PPE	11277	0.466	0.225	0.007	0.306	0.454	0.623	1.474
Risk	11260	0.028	0.009	0.010	0.021	0.026	0.032	0.092
ΔCASH	11277	0.084	2.302	－0.785	－0.026	0.007	0.048	203.857
INV	11277	0.067	1.324	－10.175	0.009	0.028	0.063	122.783
ΔNCWC	11277	0.036	1.620	－44.924	－0.036	0.002	0.041	114.631
ΔShortDebt	11277	0.059	2.334	－2.681	－0.015	0.000	0.031	217.143
Age	11276	2.491	0.829	0.000	2.485	2.833	2.996	3.367
Inventory	11287	0.160	0.166	0.000	0.048	0.113	0.202	0.940
Big4	11287	0.095	0.293	0.000	0.000	0.000	0.000	1.000
Segment	11287	1.614	0.643	0.000	1.099	1.609	2.079	4.248
M&A	11287	0.113	0.316	0.000	0.000	0.000	0.000	1.000

注：KZ_1 为估计时未控制行业和年度得到的KZ指数，KZ_2 为控制行业和年度得到的KZ指数。

表 8-5　　内部控制无效组与有效组的均值和中值检验

变量	ICMW = 0			ICMW = 1			均值差 t 检验	中值差 Chi-square 检验
	数量	均值	中值	数量	均值	中值		
CFO	10660	0.049	0.050	617	0.036	0.018	0.0130	66.503***
CASH	10660	0.230	0.147	617	0.563	0.118	-0.333***	18.883***
DIV	10660	0.014	0.006	617	0.005	0.000	0.009***	220.906***
LEV	10670	0.502	0.497	617	0.793	0.564	-0.292***	27.676***
Q	10369	2.207	1.452	580	5.100	1.545	-2.893***	3.533*
KZ_1	10360	1.237	1.495	580	2.494	2.634	-1.257***	89.730***
KZ_2	10360	0.468	0.716	580	1.831	1.954	-1.363***	94.645***
ICMW	10670	0	0	617	1	1	-1	1.1e+04***
Growth	10655	13.220	0.074	616	1.550	0.009	11.67	28.997***
Size	10670	22.670	22.560	617	22.240	22.300	0.434***	16.113***
Loss	10670	0.102	0.000	617	0.347	0.000	-0.245***	342.234***
PPE	10660	0.469	0.457	617	0.416	0.406	0.053***	19.610***
Risk	10647	0.027	0.026	613	0.030	0.028	-0.002***	38.302***
ΔCASH	10660	0.065	0.007	617	0.411	-0.002	-0.347***	16.786***
INV	10660	0.066	0.029	617	0.076	0.017	-0.00900	31.222***
ΔNCWC	10660	0.028	0.002	617	0.168	-0.005	-0.140**	2.874*
ΔShortDebt	10660	0.053	0.000	617	0.162	0.000	-0.109	3.245*
Age	10659	2.478	2.833	617	2.720	2.890	-0.242***	28.306***
Inventory	10670	0.160	0.114	617	0.145	0.093	0.015**	11.233***
Big4	10670	0.098	0.000	617	0.044	0.000	0.054***	19.813***
Segment	10670	1.613	1.609	617	1.623	1.609	-0.0100	0.0640
M&A	10670	0.110	0.000	617	0.156	0.000	-0.045***	11.952***

注：***、**、*分别表示在1%、5%、10%的水平下显著。KZ_1 为估计时未控制行业和年度得到的 KZ 指数，KZ_2 为控制行业和年度得到的 KZ 指数。

从表 8-4 可以看到，仅有 5.5% 的公司财务报告内控无效，而其他 94.5% 的公司财务报告内控有效。

从表 8-5 可以看到，在估计 KZ 指数时，无论是否控制行业和年度，得到的 KZ 指数的均值和中值在内控无效组和内控有效组之间存在显著差异，内控无效组的均值和中值在1%显著性水平上大于内控有效组。其他变量中，Segment的均值和中值在内控无效组和内控有效组之间的差异不显著；CFO、Growth、INV、ΔShortDebt的均值在内控无效组和内控有效组之间的差异不显著，但中值分别在1%、1%和10%水平上存在显著差异，这可能是这些变量的标准差较大导致的。其他控制变量的均值和中值在内控无效组和内控有效组之间均存在显著差异。

（二）回归结果

表8-6是KZ指数的估计结果。

表8-6显示，低经营性净现金流、低现金持有、低现金股利分配、高资产负债率以及拥有较多投资机会的A股上市公司的融资约束更高。这与Kaplan和Zingales（1997）的理论预期一致，也与其对美国上市公司研究得出的结论相似。需要说明的是，上述结论不受是否控制行业和年度的影响。

表8-7是Heckman回归的结果。

从表8-7可以看到，模型在1%水平上显著，表明所选变量对样本公司是否存在财务报告内部控制重大缺陷具有较好的解释作用。模型中所选择的变量，除Big4不显著外，其他变量都对ICMW有解释作用。

表8-8是模型（1）的回归结果。

表8-8中，被解释变量KZ_1为估计时未控制行业和年度得到的KZ指数；KZ_2为控制行业和年度得到的KZ指数。无论是否控制逆米尔斯比率（Mills），ICMW都在1%水平上显著为正。这表明，存在财务报告内部控制重大缺陷的公司的融资约束程度显著高于不存在财务报告内部控制重大缺陷的公司。逆米尔斯比率显著为负，表明财务报告内部控制重大缺陷与融资约束确实可能存在一定的内生性。但在控制逆米尔斯比率（Mills）后，ICMW仍显著为正表明假设是成立的。

表 8-6　　KZ 指数估计

变量	KZ_1	KZ_2
CFO	-13.866***	-14.201***
	(-66.52)	(-65.51)
Cash	-6.806***	-7.216***
	(-64.85)	(-65.30)
Dividend	-51.204***	-53.049***
	(-51.68)	(-52.63)
LEV	4.948***	5.509***
	(64.82)	(67.05)
Q	0.756***	0.888***
	(55.57)	(57.61)
Year		控制
Industry		控制
/cut1	-4.944***	-5.791***
	(-64.84)	(-41.81)
/cut2	-1.385***	-2.139***
	(-24.18)	(-16.66)
/cut3	0.961***	0.273**
	(17.49)	(2.15)
/cut4	3.107***	2.486***
	(53.18)	(19.42)
/cut5	5.724***	5.225***
	(80.97)	(39.08)
Observations	23600	23600
Pseudo R-squared	0.316	0.332
Prob > chi^2	0	0

注：括弧中的数字为 Z 统计值。KZ_1 为估计时未控制行业和年度得到的 KZ 指数，KZ_2 为控制行业和年度得到的 KZ 指数。

表 8 – 7 Heckman 估计结果

变量	ICMW
Size	–0. 046**
	(–1. 99)
Age	0. 167***
	(3. 54)
Growth	0. 052**
	(2. 08)
Lev	0. 029
	(0. 71)
Loss	0. 544***
	(9. 21)
InventoryPct	–0. 345
	(–1. 37)
Big4	–0. 198
	(–1. 45)
Segment	0. 049
	(1. 04)
M&A	0. 222***
	(3. 14)
Constant	–1. 312**
	(–2. 28)
Year	控制
Industry	控制
Observations	10755
Pseudo R – squared	0. 0666
Prob > chi^2	0

注：***、**、*分别表示在 1%、5%、10% 的水平下显著。括弧中的数字为 Z 统计量。

表 8-8　　**KZ 指数回归结果**

变量	KZ_1		KZ_2	
ICMW	0.656***	0.436***	0.684***	0.449***
	(6.60)	(4.48)	(6.47)	(4.34)
Growth	-0.521***	-0.643***	-0.547***	-0.677***
	(-13.65)	(-17.12)	(-13.46)	(-16.94)
Size	-0.065***	0.060***	-0.087***	0.046**
	(-3.64)	(3.31)	(-4.60)	(2.39)
Loss	2.227***	2.033***	2.368***	2.162***
	(31.08)	(29.05)	(31.08)	(29.05)
PPE	1.006***	1.177***	1.066***	1.249***
	(8.73)	(10.50)	(8.70)	(10.47)
Risk	56.387***	47.719***	61.444***	52.190***
	(14.47)	(12.55)	(14.82)	(12.90)
Mills		-2.466***		-2.632***
		(-24.48)		(-24.57)
Constant	0.554	3.400***	1.390***	4.427***
	(1.11)	(6.82)	(2.62)	(8.35)
Year	控制	控制	控制	控制
Industry	控制	控制	控制	控制
Observations	9153	9109	9153	9109
Adjusted R^2	0.251	0.298	0.235	0.283
F	96.89	118.1	89.07	110.1
pvalue	0	0	0	0

注：***、**、*分别表示在1%、5%、10%的水平下显著。括弧中的数字为t检验值。KZ_1为估计时未控制行业和年度得到的KZ指数；KZ_2为控制行业和年度得到的KZ指数。

控制变量中，营业收入增长率（Growth）的系数在1%水平上显著为负，表明高增长的公司融资约束程度更低。是否亏损（Loss）、有形资产（存货、固定资产和在建工程）（PPE）、股票当年日市场回报率标准差（Risk）的系数显著为正，表明亏损的公司、有形资产多的公司、风险大的公司的融资约束程度更大。

公司规模（Size）的系数在控制逆米尔斯比率（Mills）之前和之后都显著，但系数相反，这可能说明公司规模对融资约束程度的影响可能受其他因素的影响。由于篇幅所限，本章未对该问题进行进一步的研究。

表 8-9 是模型（2）的回归结果。

表 8-9　　　　现金—现金流敏感性模型检验结果

变量	ΔCASH	
ICMW	0.005	-0.005
	(0.87)	(-0.87)
ICMW × CFO	0.194***	0.125**
	(3.56)	(2.28)
CFO	0.465***	0.483***
	(28.07)	(29.39)
Size	-0.003***	0.002*
	(-3.41)	(1.77)
INV	0.177***	0.201***
	(7.26)	(8.28)
ΔNCWC	0.124***	0.120***
	(9.91)	(9.66)
ΔShortdebt	0.519***	0.514***
	(29.11)	(29.06)
Mills		-0.081***
		(-14.83)
Constant	0.047*	0.119***
	(1.90)	(4.78)
Year	控制	控制
Industry	控制	控制
Observations	9437	9392
Adjusted R^2	0.202	0.215
F	73.27	76.49
pvalue	0	0

注：***、**、* 分别表示在 1%、5%、10% 的水平下显著。括弧中的数字为 t 检验值。

从表8－9可以看到，在用逆米尔斯比率（Mills）控制前，交乘项ICMW×CFO的回归系数在1%水平上显著为正。在模型中加入逆米尔斯比率（Mills）后，交乘项ICMW×CFO的回归系数仍然在5%水平上显著为正。这表明，存在财务报告内部控制重大缺陷的公司，会从公司内部现金流中抽取更多现金，其现金—现金流敏感性更高，这也就意味着这些公司面临的融资约束程度更高，从而验证了假设1。

CFO的回归系数显著为正，说明样本公司普遍存在融资约束。控制变量中，ΔNCWC的回归系数显著为正，说明营运资本的变化与现金变化存在正相关关系；ΔShortdebt的回归系数显著为正，说明短期借款的变化与现金变化存在正相关关系。INV的系数显著为正，表明企业的投资活动现金流出与现金变化存在正相关关系，樊后裕和丁友刚（2016）将其解释为现金持有的增加会提高对外投资。

（三）稳健性检验

在估算KZ指数时，需要用到现金持有量。在使用现金—现金流敏感性模型时，也涉及对现金的界定。考虑到A股上市公司资产负债表中的货币资金包括了三个部分：库存现金即存放于企业财务部门的现金，银行存款即银行结算账户存款，以及其他货币资金。其他货币资金是使用受限的资金，包括外埠存款、银行汇票存款、银行本票存款、信用卡存款、信用证保证金存款、存出保证金等。货币资金的范围通常大于现金及现金等价物，后者指库存现金，可随时用于支付的存款，以及持有期限短、流动性强、易于转换为已知金额现金、价值变动风险很小的投资。所以，在稳健性检验部分，本章采用现金及现金等价物对KZ进行估算，并在对现金—现金流敏感性模型回归时将现金及现金等价物的变化作为被解释变量。

表8－10是采用现金及现金等价物估算KZ指数的结果。在表8－10中，我们先给出了不控制年度和行业的回归结果，然后给出了控制年度和行业的回归结果。表8－10中各变量的回归系数和显著性水平与表8－6的回归结果完全一致。

表8－10　　　　KZ指数估计

变量	KZ_1	KZ_2
CFO	-13.912***	-14.276***
	(-66.67)	(-65.69)
Cash	-6.807***	-7.224***
	(-61.71)	(-61.95)
Dividend	-51.232***	-53.089***
	(-51.70)	(-52.69)
LEV	5.046***	5.626***
	(65.36)	(67.52)
Q	0.753***	0.890***
	(55.41)	(57.73)
Year		控制
Industry		控制
/cut1	-4.689***	-5.424***
	(-62.44)	(-39.50)
/cut2	-1.159***	-1.798***
	(-20.38)	(-14.09)
/cut3	1.156***	0.583***
	(21.03)	(4.62)
/cut4	3.274***	2.770***
	(55.81)	(21.71)
/cut5	5.927***	5.549***
	(83.21)	(41.46)
Observations	23600	23600
Pseudo R-squared	0.317	0.334
Prob > chi^2	0	0

注：***、**、*分别表示在1%、5%、10%的水平下显著。括弧中的数字为Z统计值。KZ_1为估计时未控制行业和年度得到的KZ指数；KZ_2为控制行业和年度得到的KZ指数。

表8－11是使用表8－10中的KZ指数对模型（1）回归的结果。与表8－8的回归结果一致，无论是否控制逆米尔斯比率（Mills），ICMW都显著为正。这表明，存在内部控制重大缺陷的公司的融资约束程度显著高于不存在财务报告内部控制重大缺陷的公司。逆米尔斯比率显著为负，表明财务报告内部控制重大缺陷与融资约束确实可能存在一定的关联。但在控制逆米尔斯比率（Mills）后，ICMW仍显著为正，表明假设1是成立的。

表8－11　　　　KZ指数回归结果

变量	KZ_1		KZ_2	
ICMW	0.670***	0.447***	0.699***	0.461***
	(6.70)	(4.58)	(6.56)	(4.43)
Growth	−0.488***	−0.611***	−0.512***	−0.644***
	(−12.71)	(−16.19)	(−12.52)	(−16.01)
Size	−0.039**	0.087***	−0.061***	0.074***
	(−2.16)	(4.81)	(−3.18)	(3.83)
Loss	2.252***	2.057***	2.399***	2.190***
	(31.27)	(29.23)	(31.25)	(29.22)
PPE	0.897***	1.070***	0.950***	1.134***
	(7.75)	(9.49)	(7.70)	(9.44)
Risk	59.257***	50.497***	64.626***	55.261***
	(15.12)	(13.21)	(15.48)	(13.57)
Mills		−2.492***		−2.663***
		(−24.61)		(−24.69)
Constant	0.170	3.045***	1.025*	4.098***
	(0.34)	(6.08)	(1.92)	(7.67)
Year	控制	控制	控制	控制
Industry	控制	控制	控制	控制
Observations	9153	9109	9153	9109
Adjusted R^2	0.250	0.297	0.234	0.282
F	96.51	117.9	88.40	109.6
pvalue	0	0	0	0

注：***、**、*分别表示在1%、5%、10%的水平下显著。括弧中的数字为t检验值。KZ_1为估计时未控制行业和年度得到的KZ指数；KZ_2为控制行业和年度得到的KZ指数。

控制变量中，营业收入增长率（Growth）、是否亏损（Loss）、有形资产（存货、固定资产和在建工程）（PPE）、股票当年日市场回报率标准差（Risk）的回归系数的符号和显著性与表 8 - 8 的结果一致，表明亏损的公司、有形资产多的公司、风险大的公司的融资约束程度更大。

公司规模（Size）的系数在控制逆米尔斯比率（Mills）之前和之后都显著，但系数相反，也与表 8 - 8 的结果一致，这说明公司规模对融资约束程度的影响可能受其他因素的影响。由于篇幅所限，本章未对该问题进行进一步的研究。

表 8 - 12 是被解释变量为现金及现金等价物的变化的回归结果。

表 8 - 12　　　　现金—现金流敏感性模型检验结果

变量	ΔCCE	
ICMW	0. 002	-0. 003
	(0. 43)	(-0. 67)
ICMW × CFO	0. 120 **	0. 081 *
	(2. 54)	(1. 69)
CFO	0. 377 ***	0. 389 ***
	(26. 20)	(27. 03)
Size	-0. 003 ***	0. 000
	(-3. 43)	(0. 02)
INV	0. 012	0. 021
	(0. 57)	(0. 99)
ΔNCWC	0. 084 ***	0. 082 ***
	(7. 76)	(7. 57)
ΔShortdebt	0. 304 ***	0. 303 ***
	(19. 58)	(19. 54)
Mills		-0. 046 ***
		(-9. 69)
Constant	0. 039 *	0. 080 ***
	(1. 84)	(3. 70)

续表

变量	ΔCCE	
Year	控制	控制
Industry	控制	控制
Observations	9437	9392
Adjusted R^2	0. 133	0. 139
F	44. 88	45. 46
pvalue	0	0

注：***、**、*分别表示在1%、5%、10%的水平下显著。括弧中的数字为t检验值。

从表8－12可以看到，当被解释变量是现金及现金等价物时，在用逆米尔斯比率（Mills）控制前，交乘项ICMW×CFO的回归系数在5%水平上显著为正。在模型中加入逆米尔斯比率（Mills）后，交乘项ICMW×CFO的回归系数仍然在10%水平上显著为正。与表8－9的回归结果相比，虽然交乘项ICMW×CFO回归系数的显著性在加入逆米尔斯比率（Mills）前后有所降低，但仍然在5%及10%水平上显著。这表明，存在财务报告内部控制重大缺陷的公司，会从公司内部现金流中抽取更多现金，其现金—现金流敏感性更高，这也就意味着这些公司面临的融资约束程度越高，从而验证了假设。其他变量中，CFO、ΔNCWC及ΔShortdebt的回归系数的显著性与表8－9一致；而INV的回归系数为正但不显著，与表8－9的结果不一致，这也表明INV与现金及现金等价物的变化之间的关系仍需要进一步研究。

六、本章小结

本章以《企业内部控制基本规范》及其配套指引实施后2011—2019年度强制披露内部控制审计报告和自我评价报告的A股上市公司为对象，

将被出具否定意见或无法对表示意见内部控制审计报告、内部控制评价报告披露存在财务报告内部控制重大缺陷、发生财务重述、或因财务会计违规问题被监管机构处罚等情况认定为存在财务报告内部控制重大缺陷，采用 Heckman 两阶段回归控制内生性，研究了财务报告内部控制重大缺陷与融资约束的相关性。无论采用 KZ 指数还是现金—现金流敏感性模型，检验结果都表明，存在财务报告内部控制重大缺陷的公司，融资约束程度显著高于其他公司。

第九章　内部控制重大缺陷与分析师预测①

一、引言

财务报告内部控制质量会影响财务报告的质量，并进一步影响财务报告使用者的决策行为。本章研究财务报告内部控制重大缺陷是否能影响分析师的行为，以及如何影响分析师行为。

本章以2011—2019年度强制披露内部控制审计报告和自我评价报告的A股上市公司为对象，将发生下列情形之一认定为存在财务报告内部控制重大缺陷：被出具否定审计意见或无法表示意见内部控制审计报告、内部控制评价报告中披露存在财务报告内部控制重大缺陷、发生财务重述、被监管机构针对财务会计违规问题处罚。回归结果表明，财务报告内部控制重大缺陷与分析师跟踪呈显著负相关关系，即当存在财务报告内部控制重大缺陷、内部控制质量较差时，分析师更少跟踪这类上市公司。财务报告内部控制重大缺陷与分析师预测错误和预测偏差呈显著正相关关系，即当存在财务报告内部控制重大缺陷、内部控制质量较差时，分析师业绩预测错误和预测偏差越大，分析师预测准确性越低。

① 本章是在陈武朝等（2017）的基础上，将样本从2014年扩充到2011—2019年并补充了最新的文献和发现后形成的。

本章第二部分是文献回顾，第三部分是研究假设、变量定义和模型设计，第四部分是数据来源及样本选择，第五部分是描述性统计及检验结果，最后一部分是结论。

二、文献回顾

由于企业内部控制缺陷会导致内控目标不能实现，因此必然会在财务报告及其他企业公开信息中有所显示，从而影响利益相关者的行为和决策，造成一定的经济后果，因此，对于内控缺陷经济后果的研究主要集中在对利益相关者行为和决策的研究上。相关学者主要对投资者、分析师、审计师等群体行为进行了研究。此外，内控缺陷导致财务报告可靠性目标的失效也可能会影响财务报告质量。

财务报告内部控制与财务报告质量相关性的研究主要在美国 2002 年《萨班斯 - 奥克斯利法案》404 条款要求在美上市公司须进行财务报告内部控制审计及评价之后出现。Doyle 等（2007b）研究了应计项质量与财务报告内部控制质量的关系，发现财务报告内部控制越弱，公司的应计质量越低；与账户或交易层面相比，公司层面的缺陷更容易造成应计质量降低。Chan 等（2008）基于《萨班斯 - 奥克斯利法案》404 条款研究发现报告内部控制缺陷的公司具有更多的、做大利润的可操控性应计项目；404 条款有助于降低管理层有意无意的计量误差，提高盈余质量。Ashbaugh Skaife 等（2008）发现，披露了内部控制重大缺陷的公司，应计项目的质量更低；审计师证实了内部控制缺陷得到整改的公司，应计质量明显提高。Donelson 等（2017）研究了企业内部控制缺陷和财务舞弊的关系及其影响机制，发现内部控制重大缺陷增加了财务舞弊的可能性。

国内也有较多文献研究内部控制与盈余质量的关系。张龙平等（2010）发现内部控制鉴证提升了公司会计盈余质量。方红星和金玉娜（2011）发现，高质量内部控制能够抑制公司的会计选择盈余管理和真实活动盈余管理；披露内部控制鉴证报告的公司具有更低的盈余管理程度；获得合理保证的内部控制鉴证报告的公司盈余管理程度更低。叶建芳等（2012）以2008—2010年深圳证券交易所A股主板上市公司为研究对象，检验了内部控制缺陷及其整改与盈余管理之间的关系，发现存在内部控制缺陷的企业比其他企业有更高的盈余管理程度，内部控制缺陷得到整改后，企业的盈余管理程度会降低。肖华和张国清（2013）发现，企业内部控制质量与盈余持续性正向关联，盈余持续性与公司价值也正向关联。刘启亮等（2013）发现公司的内部控制质量与会计信息质量正相关；但公司内部控制对会计信息质量的提升作用受制于公司内部高管的权力配置结构，即在高管权力集中的情况下，内部控制的改善对会计信息质量并没有明显的提升作用。刘行健和刘昭（2014）发现存在内控缺陷的上市公司营业外收入与盈余管理具有显著正相关关系，不存在内控缺陷的上市公司投资收益和资产减值损失与盈余管理具有显著正相关关系。宫义飞和谢元芳（2018）研究了内部控制缺陷存在、类型及整改对盈余持续性的影响，发现内部控制缺陷对盈余持续性有减损作用，企业内部控制缺陷越严重其盈余持续性越低，企业对内部控制缺陷整改后盈余持续性可得到提升。

关于内部控制是否存在缺陷对证券分析师行为的影响，以及内部控制的有效性程度能否促进证券分析师进行预测分析的质量，也有学者做了相关研究。

Kim 和 Park（2009）研究了内控质量对证券分析师行为的影响，发现相较于内控有效性较好的公司，分析师在对内部控制薄弱的企业进行预测的时候难度更大；此外，当内部控制缺陷越重大，分析师在进行预测时会产生更大的误差，从而产生的分歧也会越大；而相对于这些内控有效性差的企业，证券分析师对内控有效性更强的公司进行预测时，会有更少的对预测的更正。由此可以看出，有效性强的内部控制相比有效性较弱的内部控制，可以增加证券分析师对企业预测的准确度，减少其信息的更正；因此，证券分析师进行企业的预测时，也会考虑被预测公司所披露的内控相关信息。

Ji 等（2019）发现，自 2012 年所有中国上市公司要按照《企业内部控制基本规范》披露内部控制报告后，内部控制缺陷的数量和严重性增加了，分析师预测的错误和偏差与披露的内部控制缺陷的数量和严重性正相关。董望等（2017）以 2007—2016 年 A 股上市公司为样本，从分析师跟踪、盈余预测精确度和分歧度三个方面考察了内控质量对分析师行为的影响，研究结果表明，内控质量越高的公司能够吸引更多的分析师跟踪且其分析师的盈余预测也更为准确，不过上述经验关系只存在于高估实际盈余的样本组中；没有明显的证据表明内控质量影响了分析师预测分歧度。王迪等（2019）以 2007—2017 年我国 A 股上市公司为样本，研究会计信息可比性在内部控制对分析师行为影响过程中所发挥的作用，结果发现：内部控制水平的提升对于分析师行为具有积极影响，会计信息可比性在其中发挥了部分中介作用；内部控制通过提升会计信息可比性，使上市公司吸引了更多分析师，并有效提升了分析师预测准确度，降低了分析师预测分歧度。林钟高和陈曦（2017）以 2009—2015 年沪深 A 股上市公司为研究样本，考察了分析师跟踪与内部控制缺陷之间的关系以及两者的相互作用对机构投资者持股决策的影响，发现无论从静态角度还是从动态角度看，存在内部控制缺陷的公司其机构投资者持股比例较低，但有内部控制缺陷而分析师人数较多的公司其机构投资者持股比例依然很高，分析师跟踪可以有效减弱内部控制缺陷带给机构投资者的负效应；企业内外部信息对于机构投资者的决策具有不同的信号价值和决策影响力，投资者的决策认知和信息取向存在偏好；分析师跟踪的信号价值远远超过了内部控制缺陷对机构投资者持股的影响。陈武朝等（2017）以2014年度有分析师进行业绩预测的上市公司为研究对象，将内部控制评价报告中披露存在财务报告内部控制重大缺陷、发生财务重述、被监管机构针对财务报告处罚、财务报告内部控制被出具否定审计意见的上市公司定义为存在财务报告内部控制重大缺陷的样本，研究了财务报告内部控制重大缺陷与分析师跟踪及分析师预测准确性的相关性，发现分析师倾向于跟踪财务报告内部控制质量高的上市公司；财务报告内部控制存在重大缺陷时，分析师的预测错误更大，预测偏差更大，但预测偏差更大并非是内部控制重大缺陷造成的，而是由于诸如规模、财务杠杆等公司特征造成的。由于陈武朝等（2017）的样本只有2014年一个年度，因此，其结论在其他年份是否成立还有待进一步的检验。

三、研究假设、变量定义和模型设计

（一）研究假设

分析师根据上市公司公开披露的财务报表信息进行业绩预测，如果财务报表信息可信度越高，那么分析师进行分析预测的成本就会相应降低。分析师属于内部控制信息和财务报告信息的使用者，其行为与信息质量高低紧密相关。上市公司财务报告内部控制质量会影响财务报告信息质量，当存在财务报告内部控制重大缺陷时，财务报表的信息质量就会降低，因而分析师行为也会因为财务报表信息质量的降低受到相应影响。我们认为财务报告内部控制重大缺陷会对跟踪上市公司的分析师跟踪和分析师预测准确性产生影响。

1. 财务报告内部控制重大缺陷与分析师跟踪

当财务报告内部控制质量越高时，财务报表披露的信息准确度就越高，因而分析师的分析成本就会降低，因此选择这类公司的可能性就会更大。分析师会选择更加可靠的信息进行处理、分析和业绩预测。所以从这个角度来看，分析师在进行业绩预测的时候就会选择内部控制质量更高的企业。

但是从另一个角度来看，当内部控制质量足够高时，上市公司提供的财务报表信息已经比较全面，便于投资者使用，那么分析师就没有动力花费过多时间在这样的公司上进行研究与分析预测。当公开披露的信息已经覆盖面较广且质量较高时，分析师预测可能就不是那么必要。因此，相比内部控制质量比较高的公司，分析师或许会更多关注那些可能存在潜在争议的公司。

由此，提出本章的研究假设1：

假设1：上市公司财务报告内部控制重大缺陷与跟踪上市公司的分析师数量呈负相关关系。

2. 财务报告内部控制重大缺陷与分析师预测准确性

由于分析师是基于上市公司公开信息披露进行分析和业绩预测，因此上市公司公开披露的信息的准确性会影响分析师分析预测的结果。当上市公司财务报告内部控制存在重大缺陷时，其披露的信息质量就相对较低，分析师根据较低质量的信息做出的分析和预测的准确性也会相应下降。所以财务报告内部控制重大缺陷会降低分析师做出的业绩预测的准确性，分析师在业绩预测时发生错误和偏差的可能性就会增加。

当上市公司财务报告内部控制质量较高时，披露的相关信息质量也越高，更能反映出企业真实的财务状况与盈利水平，从而分析师根据这些信息做出的业绩预测的准确性就会较高。所以财务报告内部控制质量的提高会增加分析师做出的业绩预测的准确性，分析师在业绩预测时发生错误和偏差的可能性就会相对较低。

由此，提出本章的研究假设2：

假设2：上市公司财务报告内部控制重大缺陷与分析师业绩预测的准确性呈负相关关系。

（二）变量定义

1. 内部控制重大缺陷的度量

沿用第五章、第六章、第七章、第八章的做法，我们将存在下列情形之一者认定为财务报告内部控制存在重大缺陷：

（1）被出具否定意见或无法表示意见内部控制审计报告。

（2）内部控制评价报告中披露存在财务报告内部控制重大缺陷。

（3）已公布的财务报表因存在重大会计差错而被更正，即发生财务重述。我们将发生重大会计差错更正即财务重述的公司的重述年度视为存在财务报告内部控制重大缺陷。

（4）因财务会计违规问题被监管机构处罚。我们将因财务会计问题被证监会处罚、立案调查，及被上交所或深交所纪律处分的公司财务会计问题涉及年度视为存在财务报告内控重大缺陷。

2. 分析师预测准确性

参考 Behn 等（2008）的做法，我们同时用分析师预测错误的对数与预测偏差的对数来度量分析师预测准确性。其中，预测错误（FE）为分析师一年前预测 EPS 均值与实际 EPS 值差额的绝对值除以期初股价；预测偏差（DISP）为分析师一年前预测 EPS 的标准差除以期初股价。

（三）模型设计

我们从分析师预测跟踪数量和预测结果的准确性两个方面研究上市公司财务报告内部控制重大缺陷对分析师行为的影响，其中业绩预测结果的准确性会从预测错误和预测偏差两个角度进行，一共建立三个模型。

$$LnCOV = \alpha_0 + \alpha_1 ICMW + \alpha_2 DA\_abs + \alpha_3 Big4 + \alpha_4 VOL + \alpha_5 StdROA + \alpha_6 Size + \alpha_7 SalesGrowth + \sum Industry + \sum Year \quad (1)$$

$$LnFE = \alpha_0 + \alpha_1 ICMW + \alpha_2 DA\_abs + \alpha_3 Big4 + \alpha_4 LnCOV + \alpha_5 VOL + \alpha_6 StdROA + \alpha_7 Size + \alpha_8 SalesGrowth + \sum Industry + \sum Year \quad (2)$$

$$LnDISP = \alpha_0 + \alpha_1 ICMW + \alpha_2 DA\_abs + \alpha_3 Big4 + \alpha_4 LnCOV + \alpha_5 VOL + \alpha_6 StdROA + \alpha_7 Size + \alpha_8 SalesGrowth + \sum Industry + \sum Year \quad (3)$$

为了控制与内部控制体系相联系的样本选择偏误或内生性，我们使用了 Heckman 两阶段回归方法。参考 Doyle 等（2007）的方法，在第一阶段回归中，采用模型（4）估计公司存在财务报告内部控制重大缺陷并披露的可能性：

$$ProbitICMW = \alpha_0 + \alpha_1 Size + \alpha_2 SalesGrowth + \alpha_3 BM + \alpha_4 Leverage + \alpha_5 InventoryPct + \alpha_6 SGrowth + \alpha_7 LnAge + \alpha_8 ControlType + \sum Industry + \sum Year + \varepsilon \quad (4)$$

在求出逆米尔斯比率（Mills）后，将其代入模型（1）、模型（2）和模型（3）作为控制变量。

此外，由于 Behn 等（2008）等发现审计质量与分析师预测错误和预测偏差负相关，而模型（1）—模型（3）中的 Big4 和 DA_abs 在文献中经常被用来度量审计质量，因此，在对模型（1）—模型（3）进行回归时，我们先不在模型中加入 Big4 和 DA_abs，然后加入 Big4 和 DA_abs 再进行一次回归。变量含义见表 9－1。

表 9－1　变量定义

变量符号	变量含义
LnCOV	分析师跟踪（COV）的自然对数。COV 为跟踪该上市公司的分析师数量，如果数据缺省，取 1。
LnFE	预测错误（FE）的自然对数。FE 为分析师一年前预测 EPS 均值与实际 EPS 值差额的绝对值除以期初股价。
LnDISP	预测偏差（DISP）的自然对数；DISP 为分析师一年前预测 EPS 的标准差除以期初股价。
ICMW	存在下列情形之一者取 1：（1）被出具否定意见或无法表示意见内部控制审计报告；（2）内部控制评价报告中披露存在财务报告内部控制重大缺陷；（3）已公布的财务报表因存在重大会计差错而被更正，即发生财务重述；（4）因财务会计违规问题被监管机构处罚。否则取 0。
DA_ abs	可操控应计项的绝对值。
Big4	是否为国际四大会计师事务所审计（如果是国际四大，取 1；否则，取 0）。
VOL	3 年平均股票换手率。
StdROA	过去 5 年资产报酬率的标准差。
Size	当期平均总资产自然对数。
SalesGrowth	销售增长率。
BM	所有者权益账面值除以股票市值。
Leverage	期末资产负债率。
InventoryPct	期末存货占总资产百分比。
SGrowth	过去 3 年的平均销售增长率。
LnAge	公司上市到样本期的年数的自然对数。
ControlType	国有控股为 1，非国有控股为 0。
Industry	行业哑变量。行业分类按照证监会 2001 年《上市公司行业分类指引》。因制造业公司较多，制造业取前两位代码，其他行业取首位代码。
Year	年度哑变量。

分析师跟踪的对数（LnCOV）、预测错误的对数（LnFE）与预测偏差的对数（LnDISP）属于三个模型中的被解释变量。财务报告内部控制

重大缺陷（ICMW）作为解释变量。控制变量包括审计质量（DA_abs）（Lambert et al.，2007）、国际四大（Big4）（Behn et al.，2008）、股票换手率（VOL）、收益波动（StdROA）（Frankel et al.，2006）、公司规模（Size）和销售增长率（SalesGrowth）（Lang and Lundholm，1996），在对分析师业绩预测的准确性研究中，分析师跟踪的对数（LnCOV）也是控制变量。

模型（1）研究上市公司财务报告内部控制重大缺陷与分析师跟踪之间的关系。被解释变量为分析师跟踪的自然对数（LnCOV），分析师跟踪指跟踪该上市公司的分析师数量。解释变量为财务报告内部控制重大缺陷（ICMW）。财务报告内部控制重大缺陷（ICMW）在公司披露财务报告内部控制重大缺陷或存在可疑迹象（财务重述、证监会处罚、内部控制否定或无法表示审计意见）时取1，否则取0。我们假设分析师跟踪与财务报告内部控制重大缺陷正相关。

控制变量包括审计质量（DA_abs）、国际四大（Big4）、股票换手率（VOL）、收益波动（StdROA）、公司规模（Size）和销售增长率（SalesGrowth）。审计质量为可操控应计项的绝对值，将参考Dechow等（1995）的模型进行计算。设定审计质量作为解释变量是因为审计质量也将影响财务报告信息质量，会对分析师行为产生影响，因此需要区分内部控制质量和审计质量对财务报告信息质量的影响。当可操控应计项的绝对值越大时，其报表反映的收益质量就越低。我们假设分析师跟踪数量与审计质量呈负相关关系。国际四大指是否为国际四大会计师事务所审计，通常认为国际四大会计师事务所意味着更高的审计质量，因而分析师会更加关注这类上市公司，我们假设分析师跟踪数量与国际四大呈正相关关系。分析师会更多关注股票交易更为频繁的上市公司，因此假设分析师跟踪与股票换手率（VOL）呈正相关关系。收益波动（StdROA）会对公司信息环境产生影响，成为影响分析师行为的因素，暂时不对分析师跟踪与收益波动之间关系的方向做出假设。公司规模（Size）越大，销售增长率（SalesGrowth）越高，越能引起投资者和分析师的关注，因此认为分析师会更多跟踪规模较大、增长率较高的公司，我们假设分析师跟踪与公司规模和销售增长率呈正相关关系。

模型（2）、模型（3）研究上市公司财务报告内部控制重大缺陷与分析师业绩预测错误和预测偏差的关系。被解释变量为预测错误的自然对数（LnFE）和预测偏差的自然对数（LnDISP）。解释变量为财务报告存在内部控制重大缺陷（ICMW）。由于存在财务报告内部控制重大缺陷（ICMW）意味着较低的财务报告内部控制质量，因此假设分析师业绩预测错误和预测偏差与财务报告内部控制重大缺陷（ICMW）呈正相关关系。

控制变量包括审计质量（DA_abs）、国际四大（Big4），以及分析师跟踪的自然对数（LnCOV）、股票换手率（VOL）、收益波动（StdROA）、公司规模（Size）和销售增长（SalesGrowth）。由于界定的审计质量是指可操控应计项的绝对值，因此审计质量（DA_abs）越高，财务报表的收益质量越低，因而分析师的预测结果准确性就会下降。我们假设分析师业绩预测错误和预测偏差与审计质量呈正相关关系。国际四大（Big4）代表着较高的审计质量与审计水平，因此认为分析师业绩预测的准确性会提高。我们假设分析师业绩预测错误和预测偏差与国际四大呈负相关关系。加入分析师跟踪（LnCOV）作为解释变量是为了区分内部控制质量与分析师跟踪对预测准确性的影响，但是对影响的方向暂时不做假设。分析师会对股票交易更为频繁的上市公司投入更多的精力，因此我们假设分析师业绩预测错误和预测偏差与股票换手率（VOL）呈负相关关系。收益波动（StdROA）对分析师业绩预测错误和预测偏差影响的方向暂时不做假设。分析师对规模较大、增长潜力较好的公司会给予更多的关注，投入更多的精力，因此业绩预测的准确性会相应提高。我们假设分析师业绩预测错误和预测偏差与公司规模（Size）和销售增长率（SalesGrowth）呈负相关关系。

四、数据来源及样本选择

（一）数据来源

我们研究中所使用的上市公司数据来自 CSMAR 数据库。其中，财务数据来自财务报表数据库，财务报告内部控制与审计数据来自内部控制数据库，财务违规和财务重述数据来自审计研究数据库，股票收益率、市场收益率数据来自股票市场交易数据库，ROA、托宾 Q 等数据来自财务指标分析数据库，数据起止时间为 2010—2019 年。

（二）样本选择

根据财政部、证监会、审计署、银监会、保监会《关于印发企业内部控制配套指引的通知》（2010 年 4 月 15 日，财会〔2010〕11 号）的规定，《企业内部控制基本规范》及其配套指引自 2011 年 1 月 1 日起在境内外同时上市的公司施行，自 2012 年 1 月 1 日起在上海证券交易所、深圳证券交易所主板上市公司施行；在此基础上，择机在中小板和创业板上市公司施行。

按照财政部、证监会发布的《关于 2012 年主板上市公司分类分批实施企业内部规范体系的通知》（2012 年 8 月 14 日，财办会〔2012〕30 号）的规定，（1）中央和地方国有控股上市公司，应于 2012 年全面实施企业内部控制规范体系，并在披露 2012 年公司年报的同时，披露董事会对公司内部控制的自我评价报告以及注册会计师出具的财务报告内部控制审计报告；（2）非国有控股主板上市公司，且于 2011 年 12 月 31 日公司总市值（证监会算法）在50亿元以上，同时2009—2011年平均净利润在3000万元以上的，应在披露2013年公司年报的同时，披露董事会对公司内部控制的自我评价报告以及注册会计师出具的财务报告内部控制审计报告；（3）其他主板上市公司，应在披露2014年公司年报的同时，披露董事会对公司内部控制的自我评价报告以及注册会计师出具的财务报告内部控制审计报告。

此外，按照上海证券交易所、深圳证券交易所的规定，新上市的公司应当在上市的下一年度年报披露的同时，披露内控评价报告和内控审计报告。

研究中剔除了当年新上市的公司以消除由于上市融资、公司规模和股本结构发生较大变化而对财务指标产生的影响；剔除了金融、保险行业公司，以及股价数据缺失的公司。行业分类依据为证监会2001年发布的《上市公司行业分类指引》。考虑到回归可操控性应计利润对样本量的要求，除制造业分类以行业次类（前两位代码）为准以外，其余以行业大类（一位代码）分类为准。为了避免极端值的影响，在估计可操控性应计利润，以及在对模型进行回归时，对连续变量按年度进行了Winsorize处理，将小于1%和大于1%的数据用1%和99%分位数代替。

按照我们定义的财务报告内部控制重大缺陷度量方式，得到2011—2019年度财务报告内部控制重大缺陷样本，如表9－2所示。

表9－2　　筛选前的财务报告内部控制重大缺陷样本

年份	内控审计否定或无法表示意见	内控自我评价无效	发生财务重述	因财务违规被监管机构处罚	财务报告内部控制存在重大缺陷
2011	1	1	0	4	5
2012	2	1	0	44	44
2013	10	5	1	43	50
2014	22	19	2	58	75

续表

年份	内控审计否定或无法表示意见	内控自我评价无效	发生财务重述	因财务违规被监管机构处罚	财务报告内部控制存在重大缺陷
2015	14	9	4	68	79
2016	22	16	10	78	95
2017	35	29	12	65	96
2018	52	48	6	57	96
2019	70	60	0	29	87
合计	228	188	35	446	627

注：按照两种或以上情形被认定存在内部控制重大缺陷的公司在汇总时只计算一次。

在分行业、年度回归可操控性应计项目时导致部分样本缺失，最终样本如表9-3所示。

表9-3　　　筛选后的财务报告内部控制重大缺陷样本

年份	内控审计否定或无法表示意见	内控自我评价无效	发生财务重述	因财务违规被监管机构处罚	财务报告内部控制存在重大缺陷
2011	1	1	0	1	2
2012	1	1	0	29	29
2013	7	4	1	27	33
2014	10	9	1	34	44
2015	8	6	3	42	50
2016	11	9	9	52	63
2017	17	16	8	42	61
2018	29	27	4	37	60
2019	37	32	0	18	48
合计	121	105	26	282	390

注：按照两种或以上情形被认定存在内部控制重大缺陷的公司在汇总时只计算一次。

五、描述性统计及检验结果

（一）描述性统计

表9-4是研究中用到的变量的描述性统计，表9-5给出了内部控制无效组与有效组比较的检验结果。

表9-4　　描述性统计

变量	样本量	均值	标准差	最小值	25 分位数	50 分位数	75 分位数	最大值
ICMW	8828	0.044	0.206	0	0	0	0	1
COV	8828	11.754	10.531	1	3	8	18	57
LnCOV	8828	2.180	0.898	0.693	1.386	2.197	2.944	4.060
FE	8784	0.043	0.128	-4.343	0.004	0.018	0.048	3.959
LnFE	7420	-3.835	1.497	-41.187	-4.687	-3.716	-2.891	1.376
disp	8102	0.026	0.035	0.000	0.007	0.016	0.032	0.872
LnDISP	8000	-4.201	1.102	-10.308	-4.906	-4.151	-3.436	-0.137
DA_abs	7249	0.051	0.050	0.000	0.016	0.035	0.068	0.396
StdROA	7388	0.051	1.270	0.000	0.005	0.012	0.026	63.179
VOL	7903	4029.897	2652.789	29.404	2169.322	3471.468	5245.700	23966.610
Size	8381	22.984	1.399	16.757	22.017	22.846	23.791	28.636
Sales-Growth	8381	16.662	1470.495	-0.985	-0.036	0.078	0.214	134607.100
Big4	8825	0.112	0.316	0	0	0	0	1

表 9－5　　　　内部控制无效组与有效组的分组检验

变量	ICMW＝0			ICMW＝1			均值差	中值差
	数量	均值	中值	数量	均值	中值	t 检验	Chi 检验
LnCOV	8438	2.194	2.197	390	1.862	1.792	0.333***	39.990***
LnFE	7085	－3.873	－3.748	335	－3.028	－3.093	－0.845***	41.344***
LnDISP	7666	－4.214	－4.164	334	－3.899	－3.797	－0.315***	18.047***
DA_ abs	6904	0.049	0.035	345	0.073	0.051	－0.023***	22.013***
StdROA	7028	0.051	0.012	360	0.047	0.020	0.004	25.802***
VOL	7539	4003.15	3453.944	364	4583.866	3831.453	－580.715***	7.240***
Size	8000	23.002	22.862	381	22.607	22.633	0.394***	13.843***
SalesGrowth	8000	17.434	0.080	381	0.447	0.033	16.987	7.711***
Big4	8435	0.115	0	390	0.054	0	0.061***	13.983***

注：***、**、* 分别表示在 1%、5%、10% 的水平下显著。

从表 9－4 看，仅有 4.4% 的公司财务报告内控无效，而其他 95.6% 的公司则有效。此外，有 11.5% 的公司所选的审计师事物所为“四大”。

从表 9－5 看，过去 5 年平均资产报酬率的标准差（StdROA）和过去 3 年的平均消售增长率（SGrowth）的中值在两组之间存在显著差异，均值的差异则不显著。其他变量的均值和中值在两组之间均存在显著差异。

主要变量的相关系数矩阵见表 9－6。其中，左下角为皮尔逊相关系数矩阵，右上角是斯皮尔曼相关系数矩阵。

表 9－6　　　　主要变量的相关系数矩阵

变量	ICMW	COV	FE	DISP	DA_abs	Big4
ICMW	1	－0.0770***	0.0841***	0.0522***	0.0643***	－0.0398***
COV	－0.0778***	1	－0.00963	0.186***	－0.0378**	0.244***
FE	0.182***	－0.0445***	1	0.616***	0.0286*	－0.0561***
DISP	0.0689***	0.0619***	0.394***	1	0.00916	0.0323**
DA_abs	0.0983***	－0.0372**	0.120***	0.0172	1	－0.0561***
Big4	－0.0398***	0.260***	－0.0342**	0.0117	－0.0674***	1

注：***、**、* 分别表示在 1%、5%、10% 的水平下显著。

从表9-6可以看到，无论是左下角的皮尔逊相关系数矩阵还是右上角斯皮尔曼相关系数矩阵，财务报告内部控制重大缺陷与跟踪该上市公司的分析师数量均显著负相关，与预测错误（FE）和预测偏差（DISP）显著正相关。此外，财务报告内部控制重大缺陷与审计质量（DA_abs）正相关，与是否由国际四大会计师事务所审计（Big4）负相关。

（二）回归结果

模型（1）、模型（2）、模型（3）的回归结果见表9-7、表9-8和表9-9。

表9-7中，在模型（1）没有加入审计质量DA_abs和Big4前，无论是否用逆米尔斯比率（Mills）控制，ICMW都显著为负；加入审计质量DA_abs和Big4后，无论是否用逆米尔斯比率（Mills）控制，ICMW都显著为负。这表明，分析师倾向于跟踪财务报告内部控制质量高的上市公司。逆米尔斯比率显著为正，表明分析师是否跟踪确实可能存在一定的影响。但在控制逆米尔斯比率后，ICMW显著为负则表明假设1是成立的。

控制变量中，Size显著为正，表明分析师倾向于跟踪规模大的上市公司。VOL显著为负，表明分析师倾向于跟踪股票换手率低的上市公司。

Big4的回归系数与预期相符，且在1%水平上显著为正。审计质量DA_abs、销售增长率SalesGrowth等控制变量与相关文献的研究结果不一致。

表9-8中，在模型（2）没有加入审计质量DA_abs和Big4前，无论是否用逆米尔斯比率（Mills）控制，ICMW都显著为正；加入审计质量DA_abs和Big4后，无论是否用逆米尔斯比率（Mills）控制，ICMW都显著为正。这表明，财务报告内部控制存在重大缺陷时，分析师的预测错误更大，分析师业绩预测的准确性更低。逆米尔斯比率显著为负，表明二阶段回归很好地克服了内生性问题，从而验证了假设2。

表 9－7　　模型（1）回归结果

变量	LnCOV	LnCOV	LnCOV	LnCOV
ICMW	-0.203***	-0.186***	-0.214***	-0.194***
	(-3.56)	(-3.01)	(-3.68)	(-3.08)
DA_ abs			0.0576	0.115
			(0.24)	(0.46)
Big4			0.0983*	0.0870
			(1.72)	(1.50)
StdROA	-1.276***	-0.996**	-1.198**	-0.863*
	(-2.72)	(-1.98)	(-2.52)	(-1.70)
VOL	-0.000***	-0.000***	-0.000***	-0.000***
	(-3.60)	(-3.62)	(-3.45)	(-3.48)
Size	0.358***	0.345***	0.349***	0.337***
	(25.36)	(21.40)	(23.15)	(20.05)
SalesGrowth	-0.0233**	-0.0196**	-0.00639	-0.00245
	(-2.41)	(-2.03)	(-0.56)	(-0.21)
Mills		0.160*		0.165*
		(1.92)		(1.95)
Constant	-5.384***	-5.426***	-5.208***	-5.284***
	(-14.82)	(-14.88)	(-13.70)	(-13.83)
Year	控制	控制	控制	控制
Industry	控制	控制	控制	控制
Observations	7359	6949	7222	6824
Adjusted R - squared	0.346	0.354	0.346	0.354
F test	0	0	0	0
F	49.17	45.42	45.34	42.25

注：***、**、*分别表示在1%、5%、10%的水平下显著。

表 9-8　　模型（2）回归结果

变量	LnFE	LnFE	LnFE	LnFE
ICMW	0.799***	0.537***	0.749***	0.512***
	(8.81)	(5.66)	(8.30)	(5.34)
DA_ abs			1.447***	0.614
			(3.40)	(1.42)
Big4			-0.371***	-0.347***
			(-4.66)	(-4.28)
StdROA	6.521***	4.490***	6.401***	4.535***
	(8.03)	(5.04)	(7.89)	(5.09)
VOL	0.000*	0.000	0.000	0.000
	(1.86)	(1.62)	(1.31)	(1.12)
Size	0.149***	0.222***	0.186***	0.248***
	(7.09)	(9.24)	(8.48)	(9.98)
SalesGrowth	-0.182***	-0.188***	-0.227***	-0.225***
	(-4.85)	(-5.27)	(-5.01)	(-5.25)
Mills		-0.718***		-0.653***
		(-6.25)		(-5.70)
Constant	-7.299***	-7.238***	-8.094***	-7.891***
	(-13.64)	(-13.31)	(-14.59)	(-13.92)
Year	控制	控制	控制	控制
Industry	控制	控制	控制	控制
Observations	6155	5801	6062	5719
Adjusted R-squared	0.142	0.142	0.150	0.148
F test	0	0	0	0
F	22.01	20.84	21.69	20.21

注：***、**、* 分别表示在 1%、5%、10% 的水平下显著。

表 9－9　　　　　　　　模型（3）回归结果

变量	LnDISP	LnDISP	LnDISP	LnDISP
ICMW	0.355***	0.259***	0.340***	0.261***
	(5.95)	(3.95)	(5.67)	(3.91)
DA_ abs			0.335	0.0633
			(1.13)	(0.21)
Big4			－0.319***	－0.315***
			(－5.35)	(－5.20)
StdROA	5.248***	4.791***	5.371***	5.052***
	(8.53)	(7.04)	(8.66)	(7.36)
VOL	0.000*	0.000	0.000	0.000
	(1.66)	(1.12)	(1.00)	(0.51)
Size	0.238***	0.284***	0.266***	0.306***
	(14.29)	(15.67)	(15.37)	(16.53)
SalesGrowth	－0.113***	－0.121***	－0.117***	－0.124***
	(－5.63)	(－6.02)	(－5.40)	(－5.66)
MILLS		－0.439***		－0.396***
		(－4.95)		(－4.42)
Constant	－9.553***	－9.479***	－10.07***	－9.964***
	(－22.73)	(－22.63)	(－23.33)	(－23.13)
Year	控制	控制	控制	控制
Industry	控制	控制	控制	控制
Observations	6668	6315	6557	6212
Adjusted R－squared	0.245	0.258	0.254	0.266
F test	0	0	0	0
F	41.60	40.97	42.14	41.08

注：***、**、*分别表示在1%、5%、10%的水平下显著。

控制变量中，StdROA 显著正相关，表明业绩波动大的公司发生的预测错误更大，与以前的文献发现一致；SalesGrowth 显著为负，表明业绩增幅越大，分析师预测错误更大，与以前的文献发现一致。VOL 和 Size 的显著性和符号与以前的文献发现不一致。

表 9-9 中，模型（3）中无论是否包括审计质量 DA_abs 和 Big4，无论是否控制逆米尔斯比率（Mills），ICMW 都显著为正。这表明，财务报告内部控制存在重大缺陷时，分析师的预测偏差更大。逆米尔斯比率显著为负，表明二阶段回归很好地克服了内生性问题，从而验证了假设 3。

控制变量中，StdROA 显著正相关，表明业绩波动大的公司发生的预测偏差更大，与以前的文献发现一致；SalesGrowth 显著负相关，表明业绩增幅越大，分析师预测偏差越小，与以前的文献发现一致。VOL 和 Size 的显著性和符号与以前的文献结论不一致。

六、本章小结

本章研究了财务报告内部控制重大缺陷与分析师跟踪及分析师预测准确性的相关性。我们以《企业内部控制基本规范》及其配套指引实施后 2011—2019 年度强制披露内部控制审计报告和评价报告的 A 股上市公司为对象，将被出具否定意见或无法表示意见的内部控制审计报告、内部控制评价报告中披露存在财务报告内部控制重大缺陷、发生财务重述、或因财务会计违规问题被监管机构处罚认定为存在财务报告内部控制重大缺陷，采用 Heckman 两阶段回归控制内生性。回归结果表明，分析师倾向于跟踪财务报告内部控制质量高的上市公司；财务报告内部控制存在重大缺陷时，分析师的预测错误更大，预测偏差更大。

与陈武朝等（2017）相比，假设 1 和假设 2 的检验结果完全一致；

本文的检验结果支持假设3，而陈武朝等（2017）的检验结果则未支持假设3。由于陈武朝等（2017）的样本只有2014年度，而本文的样本为2011—2019年且控制了年度效应和行业效应，所以，本文的结果更有说服力。

第十章　研究结论

一、主要结论

本书以《企业内部控制基本规范》及其配套指引实施后2011—2019年度强制披露内部控制审计报告和评价报告的A股上市公司为对象，在系统综述国内外内部控制相关研究文献的基础上，研究了内部控制重大缺陷的披露情况，并进一步从盈余管理、会计稳健性、投资效率、融资约束及分析师预测等5个方面研究了披露内部控制重大缺陷的经济后果。

本书首先在第二章从以下几个方面综述了近年来内部控制的研究文献：（1）内部控制质量的度量；（2）上市公司披露的内部控制缺陷分类；（3）内部控制缺陷影响因素；（4）内部控制缺陷经济后果；（5）披露或不披露内控重大缺陷影响因素及经济后果。本书分别对上述领域文献的贡献和进一步研究方向进行了评析。

第三章分析了内部控制质量度量方法。该部分将内部控制质量度量方法分为两种，即是否存在重大缺陷法（“一票否决法”）以及得分法，对两种方法的含义和优缺点进行了分析，明确本书的研究采用是否存在重大缺陷法。

第四章为内部控制重大缺陷披露分析。该章分析了内部控制重大缺陷的认定标准，最终确定以存在“被出具否定或无法表示意见内部控制审计报告”“内部控制自我评价报告中披露存在财务报告内部控制重大缺陷”“发生财务重述”“因财务会计违规问题被监管机构处罚”等四种情形之一作为认定是否存在内部控制重大缺陷的标准，并对2011—2019年度强制执行内部控制评价和审计的A股上市公司内部控制重大缺陷披露情况进行了分析，发现我国上市公司存在未如实披露内部控制重大缺陷的情况。

第五至第九章为内部控制重大缺陷经济后果研究，采用实证研究方法，以《企业内部控制基本规范》及其配套指引实施后2011—2019年度强制披露内部控制审计报告和评估报告的A股上市公司为对象，将存在“被出具否定意见或无法表示意见的内部控制审计报告”“内部控制评价报告中披露存在财务报告内部控制重大缺陷”“发生财务重述”“因财务会计违规问题被监管机构处罚”等四种情形之一认定为存在财务报告内部控制重大缺陷，采用Heckman两阶段回归控制内生性，分别研究了内部控制重大缺陷与盈余管理程度的相关性、内部控制重大缺陷与会计稳健性的相关性、内部控制重大缺陷与投资效率的相关性、内部控制重大缺陷与融资约束的相关性、内部控制重大缺陷与分析师跟踪及分析师预测准确性的相关性。

关于内部控制重大缺陷与盈余管理，第五章的检验结果表明，存在内部控制重大缺陷的公司，盈余管理程度显著高于其他公司。进一步，这种差异主要体现在盈余管理方向为增加利润的样本公司，当盈余管理方向为降低利润时，盈余管理程度与内部控制重大缺陷的相关性不显著。

关于内部控制重大缺陷与会计稳健性，第六章的检验结果表明，内部控制重大缺陷降低了会计稳健性。

关于内部控制重大缺陷与投资效率，第七章的检验结果表明，相比财务报告内部控制有效的公司，存在财务报告内部控制重大缺陷的公司更容易产生投资不足；而投资过度则与内部控制重大缺陷不存在显著的相关关系。这说明，有效的内部控制有助于抑制投资不足，但对于投资过度的抑制作用却不显著。

关于内部控制重大缺陷与融资约束，第八章的检验结果表明，内部控制重大缺陷与融资约束存在显著的正相关关系，即存在内部控制重大缺陷的公司面临更高的融资约束。

关于内部控制重大缺陷与分析师预测，第九章的检验结果表明，分析师倾向于跟踪内部控制有效的上市公司；内部控制存在重大缺陷时，分析师的预测错误更大，预测偏差更大。

综上所述，基于《企业内部控制基本规范》及其配套指引实施后2011—2019年度强制披露内部控制审计报告和评价报告的A股上市公司的研究，我们发现我国A股上市公司存在未如实披露内部控制重大缺陷的情况。进一步来说，以《企业内部控制基本规范》及其配套指引实施后2011—2019年度所有强制披露内部控制审计报告和评估报告的A股上市公司为对象，将存在“被出具否定意见或无法表示意见的内部控制审计报告”“内部控制评价报告中披露存在财务报告内部控制重大缺陷”“发生财务重述”“因财务会计违规问题被监管机构处罚”等四种情形之一认定为存在财务报告内部控制重大缺陷，采用Heckman两阶段回归控制内生性，本书的实证检验结果表明，存在内部控制重大缺陷的公司，盈余管理程度显著高于其他公司且这种差异主要体现在盈余管理方向为增加利润的样本公司，对于盈余管理方向为降低利润的公司则不显著；内部控制重大缺陷降低了会计稳健性；存在内部控制重大缺陷的公司更容易产生投资不足，投资过度则与内部控制重大缺陷不存在显著的相关关系；内部控制存在重大缺陷时，公司面临更高的融资约束；分析师倾向于跟踪内部控制有效的上市公司，内部控制存在重大缺陷时，分析师的预测错误更大，预测偏差更大。

本书的研究表明，在评价上市公司内部控制有效性、研究内部控制重大缺陷经济后果时，不应仅仅依赖当年度披露的内部控制审计报告和评价报告，后续年度发生的财务重述、因财务会计违规问题被监管机构处罚等情形也应该一并纳入考虑范围。

二、研究局限及进一步研究方向

本书的局限性主要表现在：

1. 本书对内部控制重大缺陷经济后果的研究仅涉及盈余管理、会计稳健性、投资效率、融资约束及分析师预测等5个方面，未涉及内部控制重大缺陷披露与盈余持续性、管理层业绩预告、市场反应、权益资本成本、外部审计师行为等的关系。

2. 本书对公司内部控制评价报告、审计师内部控制审计报告自主披露存在内部控制重大缺陷与事后根据财务重述、因财务会计违规问题被监管机构处罚认定存在内部控制重大缺陷的样本一并考虑，未进行区分，对被认定为存在但未如实披露内部控制重大缺陷的样本的经济后果未单独检验。未披露存在的内部控制重大缺陷的经济后果可能会有所不同。

上述局限也是未来进一步的研究方向。

参考文献

白云霞，王亚军，吴联生，2005. 业绩低于阈值公司的盈余管理——来自控制权转移公司后续资产处置的证据 [J]. 管理世界 (5)：135 – 143.

白云霞，吴联生，2008. 信息披露与国有股权私有化中的盈余管理 [J]. 会计研究 (10)：37 – 45.

财政部等，2010. 企业内部控制审计指引 [R]. www. mof. gov. cn.

蔡宁，魏明海，2009. "大小非" 减持中的盈余管理 [J]. 审计研究 (2)：40 – 49.

曹春方，林雁，2017. 异地独董、履职职能与公司过度投资 [J]. 南开管理评论，20 (1)：16 – 29.

陈共荣，刘燕，2007. 内部控制信息披露的市场反应 [J]. 系统工程 (10)：40 – 45.

陈关亭，黄小琳，章甜，2013. 基于企业风险管理框架的内部控制评价模型及应用 [J]. 审计研究 (6)：93 – 101.

陈汉文，2010. 中国上市公司内部控制指数 (2009)：制定、分析与评价 [N]. 中国证券报，2010 – 6 – 11 (A21).

陈汉文，2011. 中国上市公司内部控制指数 (2010)：制定、分析与评价 [N]. 中国证券报，2011 – 9 – 6 (A09).

陈汉文，黄轩昊，2019. 中国上市公司内部控制指数：逻辑、构建与验证 [J]. 审计研究 (1)：55 – 63.

陈汉文，张宜霞，2008. 企业内部控制的有效性及其评价方法［J］. 审计研究（3）：48－54.

陈胜蓝，王琨，马慧，2014. 集团内部资金配置能够减少公司过度投资吗？［J］. 会计研究（3）：49－55.

陈武朝，2012. 在美上市公司内部控制重大缺陷认定、披露及对我国企业的借鉴［J］. 审计研究（1）：103－109.

陈武朝，郝振平，张海燕，2017. 内部控制重大缺陷与分析师业绩预测——来自中国上市公司的证据［J］. 中国会计评论（3）：289－306.

陈小林，张雪华，闫焕民，2016. 事务所转制、审计师个人特征与会计稳健性［J］. 会计研究（6）：77－85.

陈小悦，肖星，过晓艳，2000. 配股权与上市公司利润操纵［J］. 经济研究（1）：30－36.

程六兵，刘峰，2013. 银行监管与信贷歧视——从会计稳健性的视角［J］. 会计研究（1）：28－34.

程小可，杨程程，姚立杰，2013. 内部控制、银企关联与融资约束——来自中国上市公司的经验证据［J］. 审计研究（5）：80－86.

池国华，郭芮佳，王会金，2019. 政府审计能促进内部控制制度的完善吗——基于中央企业控股上市公司的实证分析［J］. 南开管理评论，22（1）：31－41.

池国华，张传财，韩洪灵，2012. 内部控制缺陷信息披露对个人投资者风险认知的影响：一项实验研究［J］. 审计研究（2）：107－114.

代冰彬，陆正飞，张然，2007. 资产减值：稳健性还是盈余管理［J］. 会计研究（12）：35－42.

戴经纬，李连军，2014. 内部控制、会计稳健性与融资约束［J］. 南京财经大学学报（3）：68－73.

戴彦，2006. 企业内部控制评价体系的构建——基于 A 省电网公司的

案例研究 [J]. 会计研究 (1): 69-76.

单华军, 2010. 上市公司内部控制缺陷影响因素与经济后果研究 [D]. 清华大学.

邓德强, 冯悦, 2011. 内部控制信息质量对债务融资成本的影响——基于深交所上市公司的经验证据: 中国会计学会2011学术年会论文集 [C].

邓可斌, 曾海舰, 2014. 中国企业的融资约束: 特征现象与成因检验 [J]. 经济研究 (2): 47-60.

董望, 陈俊, 陈汉文, 2017. 内部控制质量影响了分析师行为吗?——来自中国证券市场的经验证据 [J]. 金融研究 (12): 191-206.

董育军, 丁白杨, 2015. 产权性质、内部控制与融资约束 [J]. 中国注册会计师 (6): 32-38.

樊后裕, 丁友刚, 2016. 内部控制能够缓解融资约束吗? [J]. 财务研究 (4): 22-32.

范经华, 张雅曼, 刘启亮, 2013. 内部控制、审计师行业专长、应计与真实盈余管理 [J]. 会计研究 (4): 81-88.

方红星, 金玉娜, 2011. 高质量内部控制能抑制盈余管理吗?——基于自愿性内部控制鉴证报告的经验研究 [J]. 会计研究 (8): 53-60.

方红星, 金玉娜, 2013. 公司治理、内部控制与非效率投资: 理论分析与经验证据 [J]. 会计研究 (7): 63-69.

方红星, 刘丹, 2013. 内部控制质量与审计师变更——来自我国上市公司的经验证据 [J]. 审计与经济研究, 28 (2): 16-24.

方红星, 张志平, 2012. 内部控制质量与会计稳健性——来自深市A股公司2007—2010年年报的经验证据 [J]. 审计与经济研究, 27 (5): 3-10.

宫义飞, 谢元芳, 2018. 内部控制缺陷及整改对盈余持续性的影响研究——来自A股上市公司的经验证据 [J]. 会计研究 (5): 75-82.

顾奋玲，解角羊，2018. 内部控制缺陷、审计师意见与企业融资约束——基于中国 A 股主板上市公司的经验数据［J］. 会计研究（12）：77－84.

韩传模，汪士果，2009. 基于 AHP 的企业内部控制模糊综合评价［J］. 会计研究（4）：55－61.

侯巧铭，宋力，蒋亚朋，2017. 管理者行为、企业生命周期与非效率投资［J］. 会计研究（3）：61－67.

胡诗阳，杨文君，陆正飞，2019. 上市公司购买理财产品会导致投资不足吗［J］. 会计研究（10）：71－77.

黄海杰，吕长江，Lee Edward，2016. "四万亿投资"政策对企业投资效率的影响［J］. 会计研究（2）：51－57.

黄梅，2005. 会计谨慎性原则的起源与经济影响［J］. 中南财经政法大学学报（2）：34－39.

姜付秀，蔡文婧，蔡欣妮，等，2019. 银行竞争的微观效应：来自融资约束的经验证据［J］. 经济研究（6）：72－88.

姜付秀，石贝贝，马云飙，2016. 信息发布者的财务经历与企业融资约束［J］. 经济研究（6）：83－97.

李培功，肖珉，2012. CEO 任期与企业资本投资［J］. 金融研究（2）：127－141.

李万福，林斌，宋璐，2011. 内部控制在公司投资中的角色：效率促进还是抑制？［J］. 管理世界（2）：81－99.

李万福，林斌，杨德明，等，2010. 内控信息披露、企业过度投资与财务危机——来自中国上市公司的经验证据［J］. 中国会计与财务研究（4）：76－141.

李维安，马超，2014. "实业＋金融"的产融结合模式与企业投资效率——基于中国上市公司控股金融机构的研究［J］. 金融研究（11）：

109 – 126.

李伟，2015. 不确定性环境下会计稳健性对审计收费、审计意见的影响［J］. 审计研究（1）：91 – 98.

李晓慧，杨子萱，2013. 内部控制质量与债权人保护研究——基于债务契约特征的视角［J］. 审计与经济研究，28（2）：97 – 105.

李越冬，张冬，刘伟伟，2014. 内部控制重大缺陷、产权性质与审计定价［J］. 审计研究（2）：45 – 52.

李增福，董志强，连玉君，2011. 应计项目盈余管理还是真实活动盈余管理？——基于我国2007年所得税改革的研究［J］. 管理世界（1）：121 – 134.

李争光，曹丰，赵西卜，等，2016. 机构投资者异质性、会计稳健性与股权融资成本——来自中国上市公司的经验证据［J］. 管理评论，28（7）：42 – 52.

连立帅，朱松，陈超，2019. 资本市场开放与股价对企业投资的引导作用：基于沪港通交易制度的经验证据［J］. 中国工业经济（3）：100 – 118.

连玉君，苏治，2009. 融资约束、不确定性与上市公司投资效率［J］. 管理评论，21（1）：19 – 26.

梁上坤，陈冬，付彬，等，2018. 独立董事网络中心度与会计稳健性［J］. 会计研究（9）：39 – 46.

廖秀梅，2007. 会计信息的信贷决策有用性：基于所有权制度制约的研究［J］. 会计研究（5）：31 – 38.

林斌，李万福，王林坚，等，2010. 内部控制的影响因素及经济后果研究——国外内部控制实证文献评述［J］. 井冈山大学学报（社会科学版），31（3）：46 – 55.

林斌，林东杰，胡为民，等，2014. 目标导向的内部控制指数研究

[J]. 会计研究 (8): 16-24.

林斌，林东杰，谢凡，等，2016. 基于信息披露的内部控制指数研究[J]. 会计研究 (12): 12-20.

林大庞，苏冬蔚，2011. 股权激励与公司业绩——基于盈余管理视角的新研究 [J]. 金融研究 (9): 162-177.

林钟高，陈曦，2017. 分析师跟踪、内部控制缺陷与机构投资者持股[J]. 南京审计大学学报，14 (5): 22-34.

林钟高，丁茂桓，2017. 内部控制缺陷及其修复对企业债务融资成本的影响——基于内部控制监管制度变迁视角的实证研究 [J]. 会计研究(4): 73-80.

刘成立，韩新新，2012. 风险导向审计、内部控制风险与审计定价决策 [J]. 会计与经济研究，26 (5): 50-58.

刘凤委，李琦，2013. 市场竞争、EVA 评价与企业过度投资 [J]. 会计研究 (2): 54-62.

刘慧龙，王成方，吴联生，2014. 决策权配置，盈余管理与投资效率[J]. 经济研究 (8): 93-106.

刘启亮，罗乐，张雅曼，等，2013. 高管集权、内部控制与会计信息质量 [J]. 南开管理评论，16 (1): 15-23.

刘行，叶康涛，2013. 企业的避税活动会影响投资效率吗? [J]. 会计研究 (6): 47-53.

刘行健，刘昭，2014. 内部控制对公允价值与盈余管理的影响研究[J]. 审计研究 (2): 59-66.

刘艳霞，祁怀锦，2019. 管理者自信会影响投资效率吗——兼论融资融券制度的公司外部治理效应 [J]. 会计研究 (4): 43-49.

刘焱，姚海鑫，2014. 高管权力、审计委员会专业性与内部控制缺陷[J]. 南开管理评论，17 (2): 4-12.

刘银国，焦健，张琛，2015. 股利政策、自由现金流与过度投资——基于公司治理机制的考察［J］. 南开管理评论，18（4）：139－150.

刘运国，吴小蒙，蒋涛，2010. 产权性质、债务融资与会计稳健性——来自中国上市公司的经验证据［J］. 会计研究（1）：43－50.

陆正飞，魏涛，2006. 配股后业绩下降：盈余管理后果与真实业绩滑坡［J］. 会计研究（8）：52－59.

陆正飞，祝继高，孙便霞，2008. 盈余管理、会计信息与银行债务契约［J］. 管理世界（3）：152－158.

罗劲博，李小荣，2019. 高管的“行业协会”任职与企业过度投资：资源汲取还是资源诅咒［J］. 南开管理评论，22（5）：64－78.

骆良彬，王河流，2008. 基于AHP的上市公司内部控制质量模糊评价［J］. 审计研究（6）：84－90.

梅丹，高强，2016. 独立性与行业专长对客户会计稳健性的影响［J］. 审计研究（6）：80－88.

潘红波，陈世来，2017.《劳动合同法》、企业投资与经济增长［J］. 经济研究，52（4）：92－105.

潘越，宁博，纪翔阁，等，2019. 民营资本的宗族烙印：来自融资约束视角的证据［J］. 经济研究（7）：94－110.

潘越，汤旭东，宁博，等，2020. 连锁股东与企业投资效率：治理协同还是竞争合谋［J］. 中国工业经济（2）：136－154.

祁怀锦，刘艳霞，2018. 融资融券、管理者自信与企业会计稳健性［J］. 中国会计评论，16（4）：631－656.

钱明，徐光华，沈弋，2016. 社会责任信息披露、会计稳健性与融资约束——基于产权异质性的视角［J］. 会计研究（5）：9－17.

屈文洲，谢雅璐，叶玉妹，2011. 信息不对称、融资约束与投资—现金流敏感性——基于市场微观结构理论的实证研究［J］. 经济研究，46

(6)：105－117.

瞿旭，李明，杨丹，等，2009. 上市银行内部控制实质性漏洞披露现状研究——基于民生银行的案例分析［J］. 会计研究（4）：38－46.

尚兆燕，扈唤，2016. 独立董事主动辞职、内部控制重大缺陷及非标审计意见——来自中国上市公司的经验证据［J］. 审计研究（1）：94－100.

邵春燕，王配配，周愈博，2015. 终极控制股东对企业内部控制缺陷影响的研究——基于2009—2013年中国制造业上市公司的经验数据［J］. 审计研究（4）：80－87.

深圳市迪博企业风险管理技术有限公司，2008. 中国上市公司2008年内部控制白皮书摘要［N］. 中国证券报，2008－6－24（A12）.

深圳市迪博企业风险管理技术有限公司，2009. 中国上市公司2009年内部控制白皮书摘要［N］. 中国证券报，2009－7－16（B08）.

深圳市迪博企业风险管理技术有限公司，2010. 中国上市公司2010年内部控制白皮书摘要［N］. 中国证券报，2010－9－2（F10）.

深圳市迪博企业风险管理技术有限公司，2011. 中国上市公司2011年内部控制白皮书摘要［N］. 中国证券报，2011－7－12（F12）.

孙光国，赵健宇，2014. 产权性质差异、管理层过度自信与会计稳健性［J］. 会计研究（5）：52－58.

田高良，齐保垒，程瑶，2011. 内部控制缺陷对会计信息价值相关性的影响——针对中国股票市场的经验研究［J］. 西安交通大学学报（社会科学版），31（3）：27－31.

万良勇，2013. 法治环境与企业投资效率——基于中国上市公司的实证研究［J］. 金融研究（12）：154－166.

汪伟，郭新强，艾春荣，2013. 融资约束、劳动收入份额下降与中国低消费［J］. 经济研究（11）：100－113.

王兵，吕梦，汪振坤，2018. 审计总监兼任监事，专业能力差异与企业投资效率 [J]. 会计研究 (9): 88 – 94.

王丹，李丹，李欢，2020. 客户集中度与企业投资效率 [J]. 会计研究 (1): 110 – 125.

王迪，鲁威朝，杨道广，2019. 内部控制、会计信息可比性与分析师行为 [J]. 审计研究 (6): 70 – 78.

王海林，2009. 内部控制能力评价的 IC – CMM 模型研究 [J]. 会计研究 (10): 53 – 59.

王海林，2017. 企业内部控制缺陷识别与诊断研究——基于神经网络的模型构建 [J]. 会计研究 (8): 74 – 80.

王海林，王晓旭，2018. 企业国际化、信息透明度与内部控制质量——基于制造业上市公司的数据 [J]. 审计研究 (1): 78 – 85.

王菁，程博，2014. 外部盈利压力会导致企业投资不足吗？——基于中国制造业上市公司的数据分析 [J]. 会计研究 (3): 33 – 40.

王克敏，王志超，2007. 高管控制权、报酬与盈余管理——基于中国上市公司的实证研究 [J]. 管理世界 (7): 111 – 119.

王立勇，2004. 内部控制系统评价的定量分析模型 [J]. 财经研究 (9): 93 – 102.

王丽平，唐洋，刘志远，等，2015. 内部控制、融资约束与恶性增资 [J]. 财务研究 (1): 76 – 87.

王文姣，王靖懿，傅超，2020. 客户和审计师不匹配关系与会计稳健性 [J]. 审计研究 (3): 105 – 114.

王晓亮，蒋勇，刘振杰，2019. 董事会断裂带、会计稳健性与真实盈余管理 [J]. 审计研究 (5): 120 – 128.

王亚平，吴联生，白云霞，2005. 中国上市公司盈余管理的频率与幅度 [J]. 经济研究 (12): 102 – 112.

王宇伟，周耿，吴曈，等，2019. 央行的言辞沟通、实际行动与企业投资行为［J］. 中国工业经济（5）：118－135.

王煜宇，温涛，2005. 企业内部控制评价模型及运用［J］. 统计与决策（4）：131－132.

魏涛，陆正飞，单宏伟，2007. 非经常性损益盈余管理的动机、手段和作用研究——来自中国上市公司的经验证据［J］. 管理世界（1）：113－121.

魏志华，曾爱民，李博，2014. 金融生态环境与企业融资约束——基于中国上市公司的实证研究［J］. 会计研究（5）：73－80.

吴联生，薄仙慧，王亚平，2007. 避免亏损的盈余管理程度：上市公司与非上市公司的比较［J］. 会计研究（2）：44－51.

吴秋生，杨瑞平，2011. 内部控制评价整合研究［J］. 会计研究（9）：55－60.

吴锡皓，胡国柳，2015. 不确定性、会计稳健性与分析师盈余预测［J］. 会计研究（9）：27－34.

向锐，2015. CFO 财务执行力与企业过度投资——基于董事会视角的分析［J］. 会计研究（7）：58－64.

肖成民，李茸，2012. 内部控制会影响审计意见吗？［J］. 会计与经济研究，26（2）：34－41.

肖华，张国清，2013. 内部控制质量、盈余持续性与公司价值［J］. 会计研究（5）：73－80.

谢凡，曹健，陈莹，等，2016. 内部控制缺陷披露的经济后果分析——基于上市公司内部控制强制实施的视角［J］. 会计研究（9）：62－67.

辛清泉，郑国坚，杨德明，2007. 企业集团、政府控制与投资效率［J］. 金融研究（10）：123－142.

徐虹，林钟高，余婷，等，2013. 内部控制有效性、会计稳健性与商业信用模式［J］. 审计与经济研究，28（3）：65－73.

徐倩，2014. 不确定性、股权激励与非效率投资［J］. 会计研究（3）：41－48.

徐玉霞，王冲，2012. 风险导向审计、内部控制与审计师行为——基于我国上市公司的实证检验［J］. 经济评论（5）：123－133.

杨程程，程小可，2015. 上市公司内部控制缺陷披露与高管薪酬的关联研究［J］. 东北师大学报（哲学社会科学版）（2）：77－80.

杨程程，程小可，姚立杰，2013. 披露内部控制缺陷意味着低水平内部控制么？——基于《企业内部控制配套指引》实施的背景：第十二届中国实证会计国际研讨会征文集［C］.

杨清香，俞麟，宋丽，2012. 内部控制信息披露与市场反应研究——来自中国沪市上市公司的经验证据［J］. 南开管理评论，15（1）：123－130.

杨旭东，莫小鹏，2006. 新配股政策出台后上市公司盈余管理现象的实证研究［J］. 会计研究（8）：44－51.

杨有红，陈凌云，2009. 2007 年沪市公司内部控制自我评价研究——数据分析与政策建议［J］. 会计研究（6）：58－64.

叶建芳，李丹蒙，章斌颖，2012. 内部控制缺陷及其修正对盈余管理的影响［J］. 审计研究（6）：50－59.

叶建芳，周兰，李丹蒙，等，2009. 管理层动机、会计政策选择与盈余管理——基于新会计准则下上市公司金融资产分类的实证研究［J］. 会计研究（3）：25－30.

于增彪，王竞达，瞿卫菁，2007. 企业内部控制评价体系的构建——基于亚新科工业技术有限公司的案例研究［J］. 审计研究（3）：47－52.

余海宗，丁璐，谢璇，等，2013. 内部控制信息披露、市场评价与盈

余信息含量 [J]. 审计研究 (5): 87 -95.

张超，刘星，2015. 内部控制缺陷信息披露与企业投资效率——基于中国上市公司的经验研究 [J]. 南开管理评论，18 (5): 136 -150.

张川，沈红波，高新梓，2009. 内部控制的有效性、审计师评价与企业绩效 [J]. 审计研究 (6): 79 -86.

张纯，吕伟，2007. 机构投资者、终极产权与融资约束 [J]. 管理世界 (11): 119 -126.

张继德，纪佃波，孙永波，2013. 企业内部控制有效性影响因素的实证研究 [J]. 管理世界 (8): 179 -180.

张建勇，葛少静，赵经纬，2014. 媒体报道与投资效率 [J]. 会计研究 (10): 59 -65.

张金鑫，王逸，2013. 会计稳健性与公司融资约束——基于两类稳健性视角的研究 [J]. 会计研究 (9): 44 -50.

张立民，邢春玉，李琰，2017. 持续经营审计意见、管理层自信与投资效率 [J]. 审计研究 (1): 52 -58.

张龙平，王军只，张军，2010. 内部控制鉴证对会计盈余质量的影响研究——基于沪市 A 股公司的经验证据 [J]. 审计研究 (2): 83 -90.

张然，王会娟，许超，2012. 披露内部控制自我评价与鉴证报告会降低资本成本吗？——来自中国 A 股上市公司的经验证据 [J]. 审计研究 (1): 96 -102.

张先治，戴文涛，2011. 中国企业内部控制评价系统研究 [J]. 审计研究 (1): 69 -78.

张新民，张婷婷，陈德球，2017. 产业政策、融资约束与企业投资效率 [J]. 会计研究 (4): 12 -18.

张悦玫，张芳，2019. 会计稳健性、投资效率与外部融资方式的实证研究 [J]. 管理评论，31 (4): 175 -186.

张悦玫，张芳，李延喜，2017. 会计稳健性、融资约束与投资效率［J］. 会计研究（9）：35－40.

张兆国，刘永丽，谈多娇，2011. 管理者背景特征与会计稳健性——来自中国上市公司的经验证据［J］. 会计研究（7）：11－18.

章卫东，2010. 定向增发新股与盈余管理——来自中国证券市场的经验证据［J］. 管理世界（1）：54－63.

赵刚，梁上坤，王玉涛，2014. 会计稳健性与银行借款契约——来自中国上市公司的经验证据［J］. 会计研究（12）：18－24.

赵息，许宁宁，2013. 管理层权力、机会主义动机与内部控制缺陷信息披露［J］. 审计研究（4）：101－109.

赵艺，倪古强，2020. 审计师行业专长，产权性质与投资效率［J］. 审计研究（1）：87－95.

甄红线，王三法，王晓洪，2019. 公司债特殊条款、债券评级与会计稳健性［J］. 会计研究（10）：42－49.

郑登津，闫天一，2016. 会计稳健性、审计质量和债务成本［J］. 审计研究（2）：74－81.

郑石桥，2017. 内部控制缺陷判断差异：基于管理层和外部审计师视角［J］. 会计之友（21）：126－131.

中国上市公司内部控制指数研究课题组，2011. 中国上市公司内部控制指数研究［J］. 会计研究（12）：20－24.

周中胜，罗正英，周秀园，等，2017. 内部控制、企业投资与公司期权价值［J］. 会计研究（12）：38－44.

朱彩婕，刘长翠，2017. 公司治理与内部控制缺陷修复的相关性研究——来自于国有上市公司 2010～2014 年的经验数据［J］. 审计研究（4）：97－105.

朱茶芬，李志文，2008. 国家控股对会计稳健性的影响研究［J］. 会计研究（5）：38 –45.

朱凯，陈信元，2009. 金融发展、审计意见与上市公司融资约束［J］. 金融研究（7）：66 –80.

祝继高，2011. 会计稳健性与债权人利益保护——基于银行与上市公司关于贷款的法律诉讼的研究［J］. 会计研究（5）：50 –57.

AHARONY J，LEE C J，WONG T J，2000. Financial Packaging of IPO Firms in China［J］. Journal of Accounting Research，38（1）：103 –126.

ALMEIDA H，CAMPELLO M，WEISBACH M S，2004. The Cash Flow Sensitivity of Cash［J］. The Journal of Finance，59（4）：1777 –1804.

ASARE S K，FITZGERALD B C，GRAHAM L E，et al.，2013. Auditors' Internal Control over Financial Reporting Decisions：Analysis，Synthesis，and Research Directions［J］. Auditing：A Journal of Practice & Theory，32：131 –166.

ASHBAUGH – SKAIFE H，COLLINS D W，KINNEY W R，et al.，2008. The Effect of SOX Internal Control Deficiencies and Their Remediation on Accrual Quality［J］. The Accounting Review，83（1）：217 –250.

ASHBAUGH – SKAIFE H，COLLINS D W，KINNEY W R，et al.，2009a. The Effect of SOX Internal Control Deficiencies on Firm Risk and Cost of Equity［J］. Journal of Accounting Research，47（1）：1 –43.

ASHBAUGH – SKAIFE H，COLLINS D W，KINNEY W R，2007. The Discovery and Reporting of Internal Control Deficiencies Prior to SOX – Mandated Audits［J］. Journal of Accounting and Economics，44（1）：166 –192.

BAE G S，CHOI S U，DHALIWAL D S，et al.，2017. Auditors and Client Investment Efficiency［J］. The Accounting Review，92（2）：19 –40.

BAE G S，CHOI S U，LAMOREAUX P T，et al.，2020. Auditors' Fee Premiums and Low Quality Internal Controls［J］. Contemporary Accounting

Research.

BALL R, SHIVAKUMAR L, 2005. Earnings quality in UK private firms: comparative loss recognition timeliness [J]. Journal of Accounting and Economics, 39 (1): 83 - 128.

BARDHAN I, LIN S, WU S L, 2015. The Quality of Internal Control over Financial Reporting in Family Firms [J]. Accounting Horizons, 29 (1): 41 - 60.

BASU S, KRISHNAN J, LEE J E, et al., 2018. Economic Determinants and Consequences of the Proactive Disclosure of Internal Control Weaknesses and Remediation Progress in IPOs [J]. Auditing: A Journal of Practice & Theory, 37 (4): 1 - 24.

BASU S, 1997. The Conservatism Principle and the Asymmetric Timeliness of Earnings [J]. Journal of Accounting and Economics, 24 (1): 3 - 37.

BEHN B K, CHOI J H, KANG T, 2008. Audit Quality and Properties of Analyst Earnings Forecasts [J]. The Accounting Review, 83 (2): 327 - 349.

BENEISH M D, BILLINGS M B, HODDER L D, 2008. Internal Control Weaknesses and Information Uncertainty [J]. The Accounting Review, 83 (3): 665 - 703.

BENLEMLIH M, BITAR M, 2018. Corporate Social Responsibility and Investment Efficiency [J]. Journal of Business Ethics, 148 (3): 647 - 671.

BENTLEY - GOODE K A, NEWTON N J, THOMPSON A M, 2017. Business Strategy, Internal Control over Financial Reporting, and Audit Reporting Quality [J]. Auditing: A Journal of Practice & Theory, 36 (4): 49 - 69.

BIDDLE G C, HILARY G, VERDI R S, 2009. How Does Financial Reporting Quality Relate to Investment Efficiency [J]. Journal of Accounting and Economics, 48 (2): 112 - 131.

BRYAN S H, LILIEN S B, 2005. Characteristics of Firms with Material Weaknesses in Internal Control: An Assessment of Section 404 of Sarbanes Oxley [J]. Working Paper.

CHAN K C, FARRELL B, LEE P, 2008. Earnings Management of Firms Reporting Material Internal Control Weaknesses under Section 404 of the Sarbanes - Oxley Act [J]. Auditing: A Journal of Practice & Theory, 27 (2): 161 - 179.

CHEN F, HOPE O, LI Q, et al., 2011. Financial Reporting Quality and Investment Efficiency of Private Firms in Emerging Markets [J]. The Accounting Review, 86 (4): 1255 - 1288.

CHEN H, DONG W, HAN H, et al., 2017. A Comprehensive and Quantitative Internal Control Index: Construction, Validation, and Impact [J]. Review of Quantitative Finance and Accounting, 49 (2): 337 - 377.

CHEN X, FENG M, LI C, 2020. Family Entrenchment and Internal Control: Evidence from S&P 1500 Firms [J]. Review of Accounting Studies, 25 (1): 246 - 278.

CHEN Y, KNECHEL W R, MARISETTY V B, et al., 2017. Board Independence and Internal Control Weakness: Evidence from SOX 404 Disclosures [J]. Auditing: A Journal of Practice & Theory, 36 (2): 45 - 62.

CHENG M, DHALIWAL D, ZHANG Y, 2015. Does Investment Efficiency Improve after the Disclosure of Material Weaknesses in Internal Control over Financial Reporting? [J]. Journal of Accounting & Economics, 56 (1): 1 - 18.

CHENG S, FELIX R, INDJEJIKIAN R, 2019. Spillover Effects of Internal Control Weakness Disclosures: The Role of Audit Committees and Board

Connections [J]. Contemporary Accounting Research, 36 (2): 934 -957.

CHOI J K, HANN R N, SUBASI M, et al. , 2020. An Empirical Analysis of Analysts' Capital Expenditure Forecasts: Evidence from Corporate Investment Efficiency [J]. Contemporary Accounting Research.

COSTELLO A M, WITTENBERG - MOERMAN R, 2011. The Impact of Financial Reporting Quality on Debt Contracting: Evidence from Internal Control Weakness Reports [J]. Journal of Accounting Research, 49 (1): 97 - 136.

DARROUGH M, HUANG R, ZUR E, 2018. Acquirer Internal Control Weaknesses in the Market for Corporate Control [J]. Contemporary Accounting Research, 35 (1): 211 -244.

De SIMONE L, EGE M S, STOMBERG B, 2015. Internal Control Quality: The Role of Auditor - Provided Tax Services. [J]. Accounting Review, 90 (4): 1469 -1496.

DECHOW P M, SLOAN R G, SWEENEY A P, 1995. Detecting Earnings Management [J]. The Accounting Review, 70 (2): 193 -225.

DONELSON D C, EGE M S, MCINNIS J M, 2017. Internal Control Weaknesses and Financial Reporting Fraud [J]. Auditing: A Journal of Practice & Theory, 36 (3): 45 -69.

DOSS M, JONAS G, 2004. Section 404 Reports on Internal Control: Impact on Ratings Will Depend on Nature of Material Weaknesses Reported [Z]. Moody's Investors Service, Global Credit Research.

DOYLE J T, GE W, MCVAY S E, 2007a. Determinants of Weaknesses in Internal Control over Financial Reporting [J]. Journal of Accounting and Economics, 44 (1): 193 -223.

DOYLE J T, GE W, MCVAY S E, 2007b. Accruals Quality and Internal

Control over Financial Reporting [J]. The Accounting Review, 82 (5): 1141 –1170.

EL – MAHDY D, PARK M, 2014. Internal Control Quality and Information Asymmetry in the Secondary Loan Market. [J]. Review of Quantitative Finance & Accounting, 43 (4): 683 –720.

ETTREDGE M, HEINTZ J, LI C, et al., 2011. Auditor Realignments Accompanying Implementation of SOX 404 ICFR Reporting Requirements [J]. Accounting Horizons, 25 (1): 17 –39.

ETTREDGE M, LI C, SUN L, 2006. The Impact of SOX Section 404 Internal Control Quality Assessment on Audit Delay in the SOX Era [J]. Auditing: A Journal of Practice & Theory, 25 (2): 1 –23.

FAZZARI S M, HUBBARD R G, PETERSEN B C, 1988. Financing Constraints and Corporate Investment. [J]. Brookings Papers on Economic Activity (1): 141 –206.

FITZGERALD B C, OMER T C, THOMPSON A M, 2018. Audit Partner Tenure and Internal Control Reporting Quality: U. S. Evidence from the Not – For – Profit Sector [J]. Contemporary Accounting Research, 35 (1): 334 – 364.

FRANCO G D, GUAN Y, LU H, 2005. The Wealth Change and Redistribution Effects of Sarbanes – Oxley Internal Control Disclosures [Z]. Working Paper.

FRANKEL R, KOTHARI S P, WEBER J, 2006. Determinants of the Informativeness of Analyst Research [J]. Journal of Accounting and Economics, 41 (1): 29 –54.

GE W, KOESTER A, MCVAY S, 2017. Benefits and Costs of Sarbanes – Oxley Section 404 (b) Exemption: Evidence from Small Firms' Internal Control

Disclosures [J]. Journal of Accounting and Economics, 63 (2 - 3): 358 - 384.

GE W, MCVAY S, 2005. The Disclosure of Material Weakness in Internal Control After the Sarbanes - Oxley Act [J]. Accounting Horizons, 19 (3): 137 - 158.

GIVOLY D, HAYN C K, NATARAJAN A, 2007. Measuring Reporting Conservatism [J]. The Accounting Review, 82 (1): 65 - 106.

GOH B W, LI D, 2011. Internal Controls and Conditional Conservatism [J]. The Accounting Review, 86 (3): 975 - 1005.

GUO J, HUANG P, ZHANG Y, et al., 2015. The Effect of Employee Treatment Policies on Internal Control Weaknesses and Financial Restatements [J]. The Accounting Review, 91 (4): 1167 - 1194.

HAMMERSLEY J S, MYERS L A, SHAKESPEARE C, 2008. Market Reactions to the Disclosure of Internal Control Weaknesses and to the Characteristics of those Weaknesses under Section 302 of the Sarbanes Oxley Act of 2002 [J]. Review of Accounting Studies, 13 (1): 141 - 165.

HARP N L, BARNES B G, 2018. Internal Control Weaknesses and Acquisition Performance [J]. The Accounting Review, 93 (1): 235 - 258.

HOGAN C E, WILKINS M S, 2008. Evidence on the Audit Risk Model: Do Auditors Increase Audit Fees in the Presence of Internal Control Deficiencies? [J]. Contemporary Accounting Research, 25 (1): 219 - 242.

HOITASH R, HOITASH U, BEDARD J C, 2008. Internal Control Quality and Audit Pricing under the Sarbanes - Oxley Act [J]. Auditing: A Journal of Practice & Theory, 27 (1): 105 - 126.

HUANG Y, SCHOLZ S, 2012. Evidence on the Association between Financial Restatements and Auditor Resignations [J]. Accounting Horizons,

26 (3): 439 -464.

IRVING J, 2006. The Information Content of Internal Controls Legislation Evidence from Material Weakness Disclosures: Kenan - Flagler Business School [Z]. Dissertation Abstracts International; 67 -02A. : The University of North Carolina, PhD, 59.

JI X, LU W, QU W, et al. , 2019. Changes in Internal Control Disclosure and Analyst Forecasts Around Mandatory Disclosure Required by the China SOX [J]. Accounting Horizons, 33 (3): 43 -68.

KAPLAN S N, ZINGALES L, 1997. Do Investment - Cash Flow Sensitivities Provide Useful Measures of Financing Constraints? [J]. The Quarterly Journal of Economics, 112 (1): 169 -215.

KEUNE M B, KEUNE T M, 2018. Do Managers Make Voluntary Accounting Changes in Response to a Material Weakness in Internal Control [J]. Auditing: A Journal of Practice & Theory, 37 (2): 107 -137.

KHAN M, WATTS R L, 2009. Estimation and Empirical Properties of a Firm - Year Measure of Accounting Conservatism [J]. Journal of Accounting and Economics, 48 (2): 132 -150.

KIM Y, PARK M S, 2009. Market Uncertainty and Disclosure of Internal control Deficiencies under the Sarbanes - Oxley Act [J]. Journal of Accounting and Public Policy, 28 (5): 419 -445.

KRISHNAN J, 2005. Audit Committee Quality and Internal Control: An Empirical Analysis [J]. The Accounting Review, 80 (2): 649 -675.

LAI S M, LIU C L, CHEN S S, 2020. Internal Control Quality and Investment Efficiency [J]. Accounting Horizons, 34 (2): 125 -145.

LAI S, LIU C, 2018. Management Characteristics and Corporate Investment Efficiency [J]. Asia - Pacific Journal of Accounting & Economics, 25

(3 -4): 295 -312.

LAMBERT R A, LEUZ C, VERRECCHIA R E, 2007. Accounting Information, Disclosure, and the Cost of Capital [J]. Journal of Accounting Research, 45 (2): 385 -420.

LAMOREAUX P T, 2013. Does PCAOB Inspection Exposure Affect Auditor Reporting Decisions? [J]. SSRN Electronic Journal, 61 (2 -3): 313 -337.

LANG M H, LUNDHOLM R J, 1996. Corporate Disclosure Policy and Analyst Behavior [J]. The Accounting Review, 71 (4): 467 -492.

LEONE A J, 2007. Factors Related to Internal Control Disclosure: A Discussion of Ashbaugh, Collins, and Kinney (2007) and Doyle, Ge, and McVay (2007) [J]. Journal of Accounting and Economics, 44 (1): 224 -237.

LI C, 2007. Three Essays on the Effect of the Sarbanes - Oxley Act of 2002 on the Audit Environment: Department of Accounting Information Systems [Z]. The University of Kansas, PhD.

LOBO G J, ZHOU J, 2006. Did Conservatism in Financial Reporting Increase after the Sarbanes - Oxley Act? Initial Evidence [J]. Accounting Horizons, 20 (1): 57 -73.

MCGUIRE S T, NEUMAN S S, RICE S C, 2020. Interim Effective Tax Rate Estimates and Internal Control Quality [J]. Contemporary Accounting Research, 37 (1): 603 -633.

MYERS S C, MAJLUF N S, 1984. Corporate Financing and Investment Decisions When Firms Have Information That Investors Do Not Have [Z]. Cambridge: National Bureau of Economic Research, Inc. , 1396.

OGNEVA M, SUBRAMANYAM K R, RAGHUNANDAN K, 2007.

Internal Control Weakness and Cost of Equity: Evidence from SOX Section 404 Disclosures. [J]. Accounting Review, 82 (5): 1255 - 1297.

PARK Y J, MATKIN D S T, MARLOWE J, 2017. Internal Control Deficiencies and Municipal Borrowing Costs [J]. Public Budgeting & Finance, 37 (1): 88 - 111.

PCAOB, 2004. Auditing Standard No. 2 - An Audit of Internal Control Over Financial Reporting Performed in Conjunction with An Audit of Financial Statements [Z].

PCAOB, 2007. Auditing Standard No. 5 - An Audit of Internal Control Over Financial Reporting That Is Integrated with An Audit of Financial Statements [Z].

RAGHUNANDAN K, RAMA D, 2006. SOX Section 404 Material Weakness Disclosures and Audit Fees [J]. Auditing: A Journal of Practice & Theory, 25 (1): 99 - 114.

RICE S C, WEBER D P, WU B, 2015. Does SOX 404 Have Teeth? Consequences of the Failure to Report Existing Internal Control Weaknesses [J]. The Accounting Review, 90 (3): 1169 - 1200.

RICE S C, WEBER D P, 2012. How Effective is Internal Control Reporting Under SOX 404? Determinants of the (Non -) Disclosure of Existing Material Weaknesses [J]. Journal of Accounting Research, 50 (3): 811 - 843.

RICHARDSON S A, 2006. Over-investment of Free Cash Flow [J]. Review of Accounting Studies, 11 (2): 159 - 189.

SCHNEIDER A, CHURCH B K, 2008. The Effect of Auditors' Internal Control Opinions on Loan Decisions [J]. Journal of Accounting and Public Policy, 27 (1): 1 - 18.

TANG D Y, TIAN F, YAN H, 2015. Internal Control Quality and Credit Default Swap Spreads [J]. Accounting Horizons, 29 (3): 603 - 630.

VOGT S C, 1994. The Cash Flow/Investment Relationship: Evidence from U. S. Manufacturing Firms [J]. Financial Management, 23 (2): 3 - 20.

WATTS, ROSS L, 2003. Conservatism in Accounting Part I: Explanations and Implications [J]. Accounting Horizons, 17 (3): 207 - 221.